懶系投資實戰攻略

風中追風——著

打造多元現金流，悠閒換取報酬極大化

將此書獻給遠在天國的內子

及仍在身邊的女兒，

雖然天各一方，

但是心在一起，

三人家庭，永不改變！

推薦語

蔡賢龍·固定收益投資專家

風兄第二本金流之作，仍是誠意滿滿，落筆用心，解決市場難題，補足缺口之作。一樣注重心法心態，增加更多實際操作與步驟，同時提供心法與方法。

✓ **補足缺乏**：市場上從過去到現在關於金流的介紹極為稀少，最多只侷限在股利，或是經濟相關學系的教科書裡，風中追風願意在這一片熱潮中出版極為稀少的內容，主要是市場上仍有部分投資人需要這些。

✓ **導正心法**：市場價格天天不同，投資產品推陳出新，其中相同的都是學習過程中產生的疑惑與人心不足的貪念，書中針對投資中會產生的疑惑與困惑加以解答。

✓ **循序漸進**：書中沒有名牌，也沒有投資金律，只有循序漸進地剖析如何評估與判斷並拆解如何操作，想辦法讓你也學會。

內容極具用心，雖然很多都已經了然於胸，但閱畢連自己也大有收穫。

基金黑武士・知名基金部落客

本書為《懶系投資》續作，內容維持作者一貫的高水準。從心法到實戰，提供讀者非常詳細的固定收益資產分析方式和實際案例，內容上由淺至深，從現金流概念、市場環境、公司狀況、各類固定收益市場，到投資人的工具，無一不包。貫穿懶系投資的核心概念「承擔一定風險並要求穩定現金流」非常關鍵，在全球指數接連創高，虛擬貨幣暴漲，媒體推波助瀾造就許多傳奇故事的狀況下，能耐的下心找到適合自己的資產配置方法，才是長期來看的最佳決策。

追日 Gucci・「投資美股，享受生活」創辦人

在當前這個瘋靡成長科技股與虛擬貨幣的時代中，本書是少數傳授投資人穩健且有效投資法的鉅作。穩健看似緩慢與無趣，但往往能最快達成財務目標。推薦這本穩健投資人的金流印鈔術，掌握三招，幫你找到好資產：第一、固若金湯的資產配置；第二、壞公司預警掃雷；第三、實戰解說好懂秒懂。從此跳脫投資賠錢陷阱，讓複利為您創造源源不絕現金流。

吳盛富・CFP 國際認證理財規畫顧問

在投資的路上，我非常感謝有能夠一起討論市場、一起面對自
己心中恐慌的好朋友。市場是一面照妖鏡，直指著心中的最恐
懼的幽暗角落，這時候如果有人一起面對恐懼、驚惶，我們
會走得更好。而風中追風，就是我在恐懼與驚惶的時候，一
起面對、走出恐懼與驚惶的投資者。透過實戰、透過面對恐
懼與驚惶，透過懶系投資，超越恐懼與驚惶，自然就能走出一
條穩健致遠的財富大道。

自序

想大半年前,當時報文化出版社再度詢問我的出書意願時,我著實猶豫了許久。考慮點在於,近年來投資生態轉變,在人人都如痴如醉於新科技股與虛擬貨幣的高增長時,在傳媒引導下元宇宙概念高唱入雲時,在加息週期即將到來、固定收益資產前景被大肆唱淡時,到底還有多少人,仍有興趣以時間換取回報?這種時候出版這種「不合時宜」的現金流投資書籍,又會有多少人有興趣閱讀?

讓我有信心的,是我的 Patreon 會員和 FB 讀者持續不斷的留言,他們跨過了 2020 年因中國武漢疫情引致的美股大調整,也沒有因為之後美股熱烈的大牛市而隨波逐流。看著許多朋友成功地一步一步建立起自己的現金流組合,享受細水長流的穩定回報,讓我相信,擁有穩定被動收入的現金流投資法,仍然是許多人需要的。

所以,才有這本書的面世。

上一本《懶系投資：穩賺，慢贏，財務自由的終極之道》，寫作的出發點是引導讀者入門，定位算是入門書，結果該書籍卻被大部分讀者當成是工具書，其實非我本願。因為有太多深入一些的投資心得與實戰經驗，因篇幅所限及定位關係，並沒有包括在上一本書的內容內，而這些是成功實踐的關鍵。

所以，作為續集，本書會包含更多上一本書所缺乏的實戰心法和技術應用，讓讀者真正進入現金流投資的實戰領域。

但是，這也意味著本書不再是一本入門書，而是進階班。本書的撰寫，是建基於前作之上，而且不會與前作有任何內容上的重疊。本書將有更多乾貨、更注重在實戰的技術應用上，讀者如果沒有前一本《懶系投資：穩賺，慢贏，財務自由的終極之道》的基礎，恐怕會有點難以理解與消化。所以，除非本身已是現金流投資的進階者，否則我誠心建議，讀者最好先閱讀上一本，然後才閱讀本書。

本書主要分為實戰的心法、總論、資產、技術、進階工具五篇：

1. **實戰心法篇**，培養實戰時的意識和認知，避免被市場氣氛誤導。
2. **實戰總論篇**，資產配置與多元現金流的認知。
3. **實戰資產篇**，實戰時應備的知識，包括各資產在加息週期的應對。
4. **實戰技術篇**，在技術上如何分析和判斷投資標的質素。
5. **進階工具篇**，在前書的基礎上，進一步介紹更多現金流工具。

之後的讀者問答章節，是通過兩年來許許多多實際真實個案，多方面探討如何在實戰中，得心應手地使用懶系投資法。

有一些人誤將「懶系投資法」等同於「債券投資」，事實上，懶系投資法的精髓是「多元現金流」，債券只是其中一種工具。只不過債券這種工具比較典型、普及而簡單，適合作為入門。本書也有較多篇幅，以債券來舉例引導讀者。

最後，筆者要感謝時報文化出版社的邀請，在現時 Youtube、IG 的影音潮流下，還願意出版一本不是時興熱門題材的投資

書籍。筆者更要感謝時報文化的主編林巧涵小姐，她在懷孕期間，仍細心盡力地為此書進行審閱、修飾、配圖……沒有這些幫助，這本書不會面世。在此，我順祝林巧涵小姐的寶寶健康快樂！

謹此自序。

風中追風

目 錄

推薦語 ………………………………………… 003

自序 …………………………………………… 006

Chapter 1

實 戰 心 法

懶系投資法的前置能力 ………………………… 016

避開偽成功法 …………………………………… 019

資產配置的思維 ………………………………… 022

現金流投資人的自我修養 ……………………… 026

如何評估投資回報 ……………………………… 033

Chapter 2

實 戰 總 論

什麼是資產配置 ………………………………… 048

多元現金流 ……………………………………… 050

投資組合的範例 ………………………………… 053

固定收益資產投資的思維差別 ················· 058

如何判斷有用訊息 ························· 061

美股券商的 SIPC 保險真的重要嗎？ ············ 066

初心者的投資配置法 ······················ 071

Chapter 3

固定收益資產實戰心得

收益率指南 ···························· 077

為何不應該選擇債券 ETF？ ·················· 089

公司破產怎麼辦？ ························ 098

銀行資本協定下的債券風險 ················· 105

優先股停息事件 ························· 114

債券 CEF 減息事件 ······················ 122

加息週期的應對 ························· 128

Chapter 4

固定收益資產實戰技術

盈透證券分類解說 ················· 137

十秒完成財務分析 ················· 141

十秒尋找公司債務高峰期 ················· 149

查公司帳本 —— 保證債券到期不違約 ················· 158

查公司帳本 —— 保證債券到期不違約（範例） ··· 165

解析穆迪評級 ················· 173

Chapter 5

進階工具

Master Limited Partnerships（MLPs）企業 ····· 196

加拿大優先股 ················· 205

深入探析加拿大優先股 ················· 212

加拿大股票分置基金 ················· 223

高利率、高風險的 Mortgage REIT ················· 232

Chapter 6

附錄：讀者問答

資產配置類 ………………………………………… 251

初心者問 …………………………………………… 257

IB 操作 …………………………………………… 262

結語 ………………………………………………… 270

CHAPTER

1

實戰心法

懶系投資法的前置能力

自上一本書《懶系投資：穩賺，慢贏、財務自由的終極之道》推出以來，不斷收到大大小小的詢問，問題可以說是千奇百怪，有些將懶系與 SPY 績效相比、有些問 IB 的開戶與管理問題、有些在購買書籍時碰到問題也跑來找筆者算帳……

筆者時間有限，只能在空餘時間排隊處理，但也樂意盡力解答。但令筆者覺得不妥的，是大多數問題都很簡單，只要上一上網，問一下「Google 大神」就大致可以得到答案，很多人卻寧願兜一個大圈，特地留言或私訊或電郵，用幾天時間等候筆者回答一句話。

這種感覺其實存在很久，在筆者的角度，有些知識其實很容易獲得，尤其在現在網際網路的世界，很少技術問題是查不

到的。只要有人領進了門，掌握了方向，就可以自行學習，通過實戰結合研究，不斷增進自己的功力。

但是筆者漸漸發現或許自己錯了，原來各人的能力不同、性格不同、興趣不同，在筆者看來輕而易舉的事，也許真的有一些人會力不從心。例如開設美資盈透證券（Interactive Brokers, IB）戶口這種筆者認為很簡單的事，就算遇上一些困難，基本上只要照著網上前人分享的步驟去做，很少會出錯的。但是，事實就不是這樣！周遭真的有一群人，足足用了一個月時間，還在盲打盲撞，或與 IB 客服不斷糾纏。而他們即使成功開了戶，還是連 TWS（Trading Workstation System，IB 專用的交易系統）與 IB 帳戶管理介面也分辨不出來。

而要這些人自行上網尋找答案，又好像逼他們跳火圈一樣，寧死不屈。

當然，令人嘔血的 IB 中文翻譯水平，及令人精神錯亂的 IB 用戶介面是其中一個原因，但最重要的一個原因，台灣或香港傳統的教育制度，一向著重授課與死記硬背，在提升自我學

習能力方面，並不著重。

在現在這個資訊的時代，資訊不止是泛濫，還不停地在變化與更新。因此，資訊的尋找、篩選、理解及應用的能力，遠比傳統的課堂式學習重要。莊子曰：「吾生也有涯，而知也無涯，以有涯隨無涯，殆已。」理論知識不但學之不盡，還在不斷演化，如果我們懂得只在需要時，才去搜尋、篩選出適當的資訊並加以應用，就不用事先在腦中記下那麼多理論資料，人生也過得更容易些。

這就是學習「懶系投資法」的前置能力。事實上，這種能力也適用於生活的各方各面。

上一本《懶系投資：穩賺，慢贏、財務自由的終極之道》，主力在於工具與投資理論的介紹，比較像是一本入門書。而這一本《懶系投資實戰攻略》，則較側重於實戰中的心得，真正帶讀者進入實踐的園地。而無論是理論還是實戰，兩套書都是帶讀者入門，幫讀者打好基礎而已。在實踐過程中，讀者仍可能會遇到大大小小、不可預知的技術與市場問題，

這些往往都要靠讀者自己的資訊搜尋、篩選與應用能力去解決困惑。

避開偽成功法

在上一本書中闡述過，如果你追求的是兩至三年內資產翻倍，或者是另一極端——一絲風險也不想負上的投資人，懶系投資法並不適合你。如果你的投資目標，是在可負擔一定風險的情況下，要求每年 5% 至 15% 範圍內的穩定現金流，懶系投資法才是適合你的投資方法。

事實上，投資理財是個性化的，每個人適合的商品與投資的企業都不同。這是因為投資只是生活的一部分，不能單獨推進，需從心態和實際上，與生活及社會取得平衡，才能真正堅持下去。太多的人，因為不先去真正了解自己的性格特質，容易受週遭環境影響，以致在不同的市況就隨便轉變自己的投資策略。這類人很容易迷信專家與老師，往往就成為市場中的韭菜（意指股市或幣圈中反覆被收割的散戶）。

這就牽涉到對自己與人生先要有充分的認識，了解自己人生的組成要素、目標、追求、慾望與人生現實。人生基本上就是一個取捨的過程，了解這點，才能理解工具、方法與目標的不同。風險與回報是一體兩面的，投資要先想風險再想利潤，而創業則是先想願景再想風險。

大家還記得嗎？在 2021 年初，人人都覺得新科技股是大勢所趨，好像只有漲不會跌似的，千倍市盈率（Price Earnings Ratio，即 P/E 值或本益比）也不嫌貴地去追逐。那時，凱薩琳·伍德（Cathie Wood）是光芒四射的眾人「乾媽」、「木頭姊」、華倫·巴菲特（Warren Buffett）是人人唾棄的「過氣廢老」。

但是，當市場資金從新科技股轉回了傳統產業，才不到幾個月，在香港的一些投資群組中，凱薩琳已被咒罵為「微信女」與「臭雞」，而巴菲特又恢復成穿著鯊魚泳衣的「股神」——明明兩人的投資取向從頭到尾就沒有改變過！

在生活中，我們知道人生無常，各種意外必然會發生。就像

下海游泳時，一定要確保有足夠回程的體力才能下海。我們懂得事事保留餘裕，預留犯錯空間。

不知為何，一到投資時，多數人就完全忘記這些常識，宗教式相信所謂「大勢所趨」。就像疫情時，人人相信所有實體商場與辦公室將會倒閉，所有社會活動都能轉成網上進行，未來人人都會變成宅男宅女，這世界不再需要實體上班、上學、購物、交際、應酬……

防止自己出錯，防止意料不到的變化，這就是資產配置的必備思維。事實上，意外發生的機會，幾乎是百分之百的，全盤投入於某些自以為是的「大勢所趨」，只要發生一次意外，就可能令你囊空如洗——記住，**意外機會率幾乎就是百分之百，只是早晚而已。**

這也是為何，筆者不相信那些成功者分享的所謂成功學。聽完那些成功者的分享，你很容易以為成功就是有一套公式，只要這樣這樣，就能那樣那樣，卻不知大部分的成功者，可能只是生存者偏差（survivorship bias）下的幸運者而已。

撇除那些不盡不實、以開班授業為生的投資導師，很多成功者，他分享的成功原因，到底是真實的原因，還是他個人以為的原因？會不會有可能他所謂的英明神武、決策果斷，其實背後真的只是運氣好？他個人可能覺得他的人格特質就是讓這一切可以成就的關鍵因素，但事實上卻可能完全不是。

例如幾乎每位成功的價值投資人都說自己很努力，天天鑽研公司財報，找到被市場忽視且遠低於應有價值的標的，然後重本投入，終於等到有一天，他成功了！但這就是成功的關鍵因素嗎？根本無法證實，但因為他成功了，所以在台上怎麼講都有道理。

資產配置的思維

「找到一間好公司一直買，並買在低點，將來就能一口氣賺數倍……」這些話大家都耳熟能詳吧，請問真正做到的有多少人？多數人是不是只是在不斷地停損或長期被套牢中？

這種將所有資本投入一家價值公司的人，除非他就是這家公

司的老闆，否則筆者不視之為投資人，而視之為投機者（當然投機者也有成功的）。至於筆者眼中真正的投資人，又有程度上的差別。

初級投資人，對資產配置的認知會傾向於建置在不同類型的公司股票上，例如配置不同比例的成長股、價值股、投機股與收息股。這在投資的角度來看沒問題，但完全不夠全面。因為遭遇全球股市崩盤時，投資組合還是照常全面下跌，只是跌多跌少而已，完全得不到保護的效果。

中級投資人，會懂得適量配置負相關的資產（例如美國公債、現金等等）。他們懂得將資產構建在不同類型上，包括股票、公債、公司債券、貨幣、房地產、貴金屬、商品與虛擬貨幣等等。由於各人可承擔風險的程度不同，這級別的投資人需要有能力評核自己的主動收入、年齡、心理素質、投資經驗、本金、負債、稅率等等因素，以決定各資產配置的比例。

中級投資人，最痛苦的莫過於在市場瘋狂、投機者與初級投資人大賺特賺時，自己的回報率遠不如人，然後被那些人冷

嘲熱諷與鄙夷。

不過，那些投機者或初級投資人們從來不想去知道的是，投資市場的大漲大賺，往往伴隨著大賠大跌，這是一體兩面的。

	貨幣	債券	股票	商品	外匯	房地產
貨幣	1.00	0.26	0.07	-0.17	0.82	-0.05
債券		1.00	-0.16	-0.07	0.35	-0.01
股票			1.00	0.14	0.09	0.59
商品				1.00	-0.20	0.20
外匯					1.00	-0.11
房地產						1.00

高級投資人，會在中級投資人的資產配置上，加上現金流的概念。他們懂得以資產的現金流量與增長，去衡量資產的真正價值，而不會盲目地只著眼於計算資產的負相關係數，結果卻去投資了一些毫無價值的東西。

通過現金流的計算與衡量，高級投資人有能力使用適量的槓桿，在有限的風險下尋求回報極大化，這也使此程度的投資人比中級投資人更願意並有能力去承擔較高的投資風險。而

由於現金流在背後的支持，在市場大吹逆風時，他們的心理也會比其他投資人更為沉著與堅定。

所謂「重劍無鋒，大巧不工」，武功練至極致時，往往最簡單的招式，最能發揮最大的威力。現金流式的資產配置下，除了懶系投資法內推薦的固定與穩定收益類資產外，不少人還是喜歡加入股票增長型的資產。而在這部分，筆者認為簡簡單單的指數型 ETF，反而是最好的選擇，可以避開單壓的風險。

不過，不論哪一類投資人，在投資前，有兩件事必須先做到：**首先需準備一筆不少於六個月生活費的緊急備用金，其次不要忘記先配置好自己與家庭的人身保險**，這兩者都是為了幫助你避開不可知的意外。

此外，資產配置也不是什麼時候都適合的，當你的投資額在100 萬台幣之內，其實不大需要用到。投資額低，是可以集中在一種資產，甚至去追求夢幻般的快速暴利也無所謂，反正輸了也容易東山再起。個人認為，在這階段的年輕人，時間

與精力更應該放在累積本金之上，資產配置這回事，等有了第一桶金再來考慮吧。

現金流投資人的自我修養

2020 年底，曾有一位網友私訊給我，內容如下：

「風兄，我今年三十五歲，投資股票十年，整體成績都是虧錢，除了投資房託和 900 等收息股，其他中小型股幾乎全部滿江紅。上半年開始漸漸轉為房託收息，今年跌市未能倖免，至今未能浮回水面。對於今年的科技股大漲，我全部缺席。我個人較保守，真是完全不懂如何為科技股估值，自問眼光真是不行。但當現在科技股不停創新高，Tesla 破歷史高位，我開始猶豫了，質疑自己是否故步自封？錯過大漲，現在還抱著所謂舊經濟股，是不是不思進取？」

他不是第一個向我這樣說的人，在 2020 年新科技股大漲，不少投資收息資產的投資人都有「斯人獨憔悴」的感覺，他們並沒有輸錢，但「人人贏錢沒我份」，才是最難受的。不少

人忍不住轉換了跑道，將主力轉去參與新經濟股的盛宴。

結果，2021 年新經濟股出現調整，反而之前潛水的舊經濟股、房地產信託基金，甚至債券、ETD 等收息資產創出了高位，轉換跑道的投資人，遭受到市場「左右開弓」的重大打擊。

身處市場上，投資人總是很容易受到市場氣氛及周圍朋友的影響。首先，我們得先分清楚，真的是人人都敢在 2020 年股災後「All-in」新經濟股嗎？人人都有在低點買入 Tesla 嗎？基於「贏錢天下知、輸錢無人理」的錯覺，人性總喜歡將贏的部分拿出來說，但是那些新經濟股，佔他組合的多少，你知道嗎？

有些人，本來已選擇了現金流投資的路向，卻因為別人某段時間的賺幅而見獵心喜，輕易轉換跑道，沒打好基礎就輕易打掉重練，終日團團轉，最終是到老一場空。

故步自封與策略不同是兩回事，又要穩定現金流、又要低波幅、然後要求賺取某科技股類某段時期的突然高價差，現實

有那麼完美嗎？説到底，只是人的貪念作祟罷了。

讓我們回到基本，再聊聊投資策略的幾個主要門派。

第一門派，當然是最多人視為最王道的「**價值投資派**」，代表人物是股神巴菲特，以發掘並投資價值被市場低估的公司為原則。不過，即使貴為股神，在 2020 年科技股升天的市況，也被譏為「廢老」了。

價值投資派有不少分支，例如有一派叫「煙蒂流」或稱「毛票」（Penny Stock），專門投資很垃圾但非常便宜的公司。

但是，要做到成功的價值投資人，難度不是一般的高，尤其在現時資訊極度泛濫、研究價值投資的人汗牛充棟之際，在效率市場下真正的潛力股還剩下多少？而大部分投資人又是否有如此大量的時間、精力去研究一家公司的業務，更惶論還要識破價值陷阱，及會計報表中不盡不實之處。

預測未來是最難的事，公司的基本因素會變、管理層會變、

營運路線會變、客戶口味會變、人心會變……而且你還不知道，你千辛萬苦研究出來的潛力股，市場什麼時候會接受你認為應該有的估值。

與價值投資派相對的，是「**短期投機派**」或稱「**趨勢交易派**」。價值投資派只關心公司的價值，不去預測股價的波動；投機派則不關心公司的價值，只預測公司股價短期的漲跌。其分支有「技術圖表流」、「公司消息流」與「市場題材流」等等。

不過，要成為成功的投機者，也是很難的事，需要投入的心力，一點也不比價值投資少。而當一種技術指標廣為人知後，更多的，就是走勢陷阱。

懶系投資法大概是屬於第三種「**投資現金流派**」，投資的多為固定與穩定收益資產，以定期現金流入的效率作為價值的判斷依據。此派別不會太過看重市場價格浮動，注重的是現金流的穩定性與可預測性。在投資的當下，已大致確定未來的回報，少有大驚，但也少有大喜。

至於 2020 至 2021 年的新經濟股熱潮，其投資方向大概屬於

「**價值成長派**」。此派別與「價值投資派」經常被人混淆，其最大分別是，「價值成長派」投資的公司屬於成長股，估值一點也不便宜，純粹就是覺得未來成長空間不錯。所以此派別特別喜歡投資資訊科技、人工智能、生物與新能源等行業。

但是，未來成長空間是很難準確量化的，極大程度上是依靠投資人的想像。例如，人人都在説 AI 概念將會改變將來的人類社會，但哪一間公司肯定首先跑出？誰能保證市場接受程度？利潤相對科研投入成本佔多少比例？將來的營利能力如何？這些，我自己就完全不懂得計算與估值，你懂嗎？

成長股的另一個特點是特別容易踩地雷，因為高估值相對應的是投資人對公司未來高成長的預期，而實際能持續保持高速成長的公司少之又少，哪怕是處於風口浪尖的行業。

有人説：「才不會！我剛剛轉買的是 QQQ，整個科技板塊，怎會踩地雷？」那就請自己留意，你真的成為「價值成長派」，還是成為「短期投機派」中的「市場題材流」而不自知？

不管白貓黑貓，能捉老鼠就是好貓；不管投資投機，能賺到錢就是王道。我反對先入為主，亦對一些視價值投資是正派、短期投機派為邪派的說法深痛惡絕。我主張沒有什麼派別是名門正派，每個人的性格、經驗、學識和能力決定了最適合他的投資方式。但是，不管選用何種投資方式，要立於不敗之地，首要做到的，是專、精、深！

你想轉換跑道？當然可以。但前提是，你必須知道自己在做什麼，轉換的是什麼跑道。你真的懂得分析並發掘成長股？還是只是見到周圍的人好像賺到大錢，貪念大起而想要分一杯羹？

當你一步一步穩定地向上邁進，每天都比昨天更接近山頂的目標時，有人踩著自行車一時超越了自己，你會立即轉騎自行車嗎？你有學過騎自行車嗎？你知道不懂得騎會跌倒嗎？你知道騎自行車上山，氣力不繼時會後退嗎？

由於《懶系投資：穩賺，慢贏、財務自由的終極之道》一書中，債券的介紹篇幅頗大，導致有些讀者竟以為懶系投資法等於

投資債券。他們認為在低息的環境下，債券的回報不盡人意，只好另尋投資項目。這就是明顯只看招式、不理心法的後果。事實上，《懶系投資：穩賺、慢贏、財務自由的終極之道》一書中，真正的主題是，如何以現金流角度來評核投資物的真正投資價值，債券只是其中一種比較容易入門的工具而已。書中一口氣介紹了九種工具，不同工具各具不同特色，真正掌握心法的投資人，會懂得搭配不同的工具，組成適合自己性格的資產配置，以應對不同的市況，這就是「多元現金流」的精髓。

筆者甚至不反對將增長類資產加入現金流組合的資產配置中，資產配置一定會包括進攻性資產，其中自然也可以包括成長股，不懂選股的還可以用 ETF 代替。

詳細的資產配置實戰心得，在之後的實戰章節會一一分享。

運用懶系投資法，為何還需要將增長類資產加入資產配置？因為太多人對大市懷有心魔，這麼做，可以維持資產組合的平衡，在穩定收息之餘，又不致完全走離大市，某程度上也

是對抗心魔的一個方法。但是，主力一定要使用原定的投資方法。

最後想說的是，逆境本來就是投資要面對的必然，不論何種投資方法，總會有順境逆境的時候。韮菜類投資人大都有一個特色：三心兩意。他們的投資風格，就是不停地轉換投資風格。

如何評估投資回報

在牛市中，現金流投資人的回報率與別人相比，總有點相形見絀、拿不出手，有些初心者的信心甚至會開始動搖。不過，我們先不去理會每月的現金流流入帶來的安定感，評估投資回報，是不是只是比較最終的回報率呢？高回報背後負擔的風險因素，又是否需要計算進去呢？

如果你是使用 IB 進行投資的話，IB 已經提供了甚好的工具去評估你的投資回報與風險，這裡就以 IB 提供的工具為範例，說說這方面的評估方法。基於 IB 的中文翻譯實在差強人意，

我們使用英文介面為例。

IB 提供的投資組合評估工具，稱為「IB PortfolioAnalyst」。要評估年初至今的投資成績，首先登入 IB 網頁的客戶端（Account Management），選擇「PortfolioAnalyst」—「Portfolio Checkup」，再選擇「YTD」（Year to Date），如下圖所示：

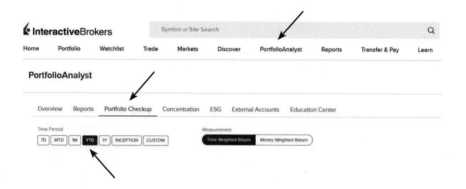

評估風險回報時，建議加入一些基準（Benchmarks）以方便比較，這些基準多以不同的市場指數為代表。要加入比較基準，可在「Benchmarks」欄位，點選「Add」按扭，如下圖所示：

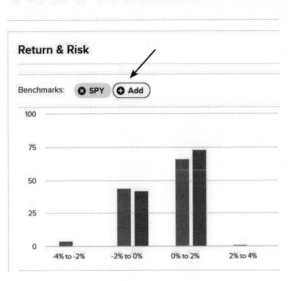

IB 提供一系列多達幾百項比較基準，可使用編號或關鍵字進行搜尋，但最多只可選擇三項進行對比。筆者這裡選擇了 SPY、EWH 與 EWT，分別代表美股 S&P 500 指數、港股指數與台股指數。

在這裡，筆者以 2021 年上半年的回報來作一個比較。在 2021 年上半年，美股 S&P 500 指數（SPY）與台股指數（EWT）都創了歷史新高，對這兩地的股市投資人來説，屬賺得最多

錢的大牛市階段。至於港股指數（EWH）也不弱，當時還未
遭遇到中概股監管風波造成的大跌市。

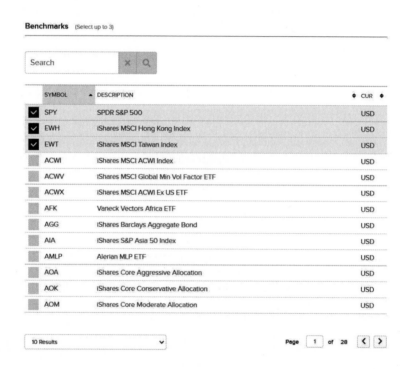

與之相比的，是筆者一個退休基金的真實持倉。此持倉只投
資在保守的固定收益與穩定收益資產之上，資產中超過一半
是純債券，沒有任何槓桿，並長期保留 10% 的現金（即現金
部分幾乎沒有任何收益）。

2021 年上半年是市場最低息的時候，大批債券被提前贖回，
而新債券的 CP 值很低，所以懶系保守組合的回報率一定不
會高。現在，讓我們看看此組合的回報，與大牛市中 SPY、
EWT 及 EWH 的回報比較：

	SPY	EWH	EWT	ACCOUNT
Return	13.67%	11.05%	19.61%	7.77%
Risk				
Ending Vami	1,136.73	1,110.45	1,196.12	1,077.68
Max Drawdown	3.96%	6.94%	12.98%	1.26%
Peak to Valley	05/07/21 - 05/12/21	02/23/21 - 03/24/21	04/29/21 - 05/12/21	01/21/21 - 01/27/21
Sharpe Ratio	2.17	1.45	1.79	4.40
Recovery	17 Days	26 Days	Ongoing	6 Days
Sortino Ratio	3.25	2.20	2.56	7.10
Standard Deviation	0.85%	1.07%	1.50%	0.24%
Downside Deviation	0.57%	0.71%	1.05%	0.15%
Mean Return	0.12%	0.10%	0.17%	0.07%
Positive Periods	67 (58.26%)	66 (57.39%)	68 (59.13%)	74 (64.35%)
Negative Periods	48 (41.74%)	49 (42.61%)	47 (40.87%)	41 (35.65%)

上圖是 IB 提供的回報與風險分析，以風險指標來評估，投資
人可以按選「Configure Risk measures」以增減這些指標。

我們就説説一些最重要的指標。

1. **回報（Return）**：回報是投資人第一眼就想看的。根據回報分析，2021 年上半年美股指數 S&P 500 回報為 13.67%、iShares MSCI 香港指數回報為 11.05%、iShares MSCI 台灣指數最厲害，回報達 19.61%。至於懶系保守組合，半年來只有 7.77% 的回報，甚至比 2021 年上半年表現相對較遜的美國科技股代表 QQQ 還低（QQQ 半年回報為 8.62%）。

但是，這代表了懶系保守組合很差勁嗎？除了看回報外，我們還要看風險的部分。

2. **最大跌幅（Max Drawdown, MDD）**：要瞭解 MDD，首先要知道什麼是 Drawdown（DD）。DD 指的是兩次波段高點中，前波高點到中間低點的距離（下圖紅線）。當組合創新高後，前波高點又會重新計算（下圖紅圈）。簡單而言，DD 就是某次調整的幅度。

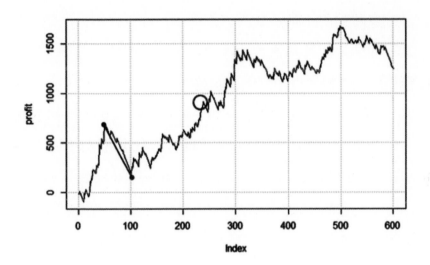

而 Max Drawdown （MDD），即 DD 中最大的一筆連續虧損，也就是 DD 中的最大值，即是組合在統計時段內最大的一次調整幅度。

美股 SPY 在半年內最大的調整為 3.96%，港股最大的調整為 6.94%，台股最大的調整為 12.98%，懶系保守組合最大的調整幅度，只有 1.26%。

3. **標準差（Standard Deviation, SD）**：標準差，是測量一組數值離平均值分散程度有多高的一種測量觀念，是最常用

來衡量波幅的工具。較高的標準差,代表大部分的數值與其平均值之間差異較大,即波幅較高;較低的標準差,代表這些數值較接近平均值,即波幅較低。

美股 SPY 在半年內的標準差為 0.86%,港股的標準差為 1.08%,台股的標準差為 1.51%,懶系保守組合標準差為 0.24%。這樣說吧,懶系保守組合用一個字就可以形容:「悶」!

然後,有讀者可能會說,最低的 MDD 與 SD,就是 100% 現金,波幅低至零呢,但回報也是零,有意思嗎?說得對,無論回報或是波幅,分開去看都沒有太大意義,所以就有了夏普比率(Sharp Ratio)與索提諾比率(Sortino Ratio)這兩項測量標準。

4. **夏普比率(Sharp Ratio)**:又稱夏普指數或夏普值,是用來衡量投資組合在調整風險後,相對於無風險資產的表現。簡單一點來說,夏普比率就是衡量一個投資組合在承受每單位的波動風險下,能得到多少報酬。例如夏普比率為 1.5,

代表承受 1% 的波動風險下，組合可以創造 1.5% 的報酬率。

美股 SPY 年初至今的夏普比率為 2.17，港股的夏普比率為 1.45，台股的夏普比率為 1.79%。所以三者中，表面上台股的回報最高，其實在調整波動風險後，美股的報酬率更高。至於懶系保守組合的夏普比率，則是 4.4。

夏普比率有一個缺陷，就是無論是向上的波幅還是向下的波幅都一起計算。例如在大市持續大升的時候，波幅也很高，用夏普比率或標準差來看，容易判定為高風險。但對大多數人來說，向上的波幅根本不是風險，向下的波幅才是。索提諾比率的產生，就是為了解決這問題。

5. **索提諾比率（Sortino Ratio）**：索提諾比率與夏普比率同樣是衡量投資組合在承擔每單位風險時，能得到多少報酬的測量方法。不同的是，索提諾比率認為向上的波幅（正報酬），應該是投資的加分項，不應包括在風險計算中。所以，索提諾比率在計算風險時只考慮「負報酬的標準差」來衡量波動率的高低。換句話說，索提諾比率只計算組合

跌幅，是「只考慮跌幅的夏普比率」。

美股 SPY 年初至今的索提諾比率為 3.25，港股的索提諾比率為 2.2，台股的夏普比率為 2.56%。所以，在調整負波動風險後，美股的報酬率還是最高。至於懶系保守組合，索提諾比率則是 7.1。

6. **其他風險指標**：其他風險指標還有不少，例如跌勢差（Downside Deviation），即「只考慮跌幅的標準差」；正／負時間段（Positive ／ Negative Periods），則是每日正報酬／負報酬的比率。筆者認為重要性不太高，有興趣大家可以自行再研究。

除了風險回報指標外，IB PortfolioAnalyst 還提供了投資組合的資產類別、地理區域、板塊分布等統計資料，大家可以自行研習，這裡筆者就不再一一講解了。

如果需要更詳細的組合分析，在「PortfolioAnalyst」內，選擇「Reports」，再選擇「Default Reports」-「Year to

Date」-「Detailed（PDF）」，即可產生年初至今的組合分析
詳細報表。

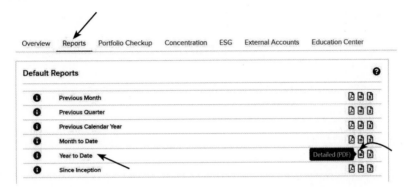

在預設報表中的「Risk Measures Benchmark Comparison」
章節，可找到組合與 SPXTR（美股指數）、EFA（歐亞股票
指數）、及 VT（全球股票指數）三者的風險回報對比：

Risk Measures Benchmark Comparison

Risk Analysis

	SPXTR	EFA	VT	
Ending VAMI	1,138.36	1,125.33	1,129.85	1,077.58
Max Drawdown	3.99%	4.41%	4.72%	1.26%
Peak-To-Valley	05/07/21 - 05/12/21	01/08/21 - 01/29/21	02/16/21 - 03/04/21	01/21/21 - 01/27/21
Recovery	17 Days	9 Days	20 Days	6 Days
Sharpe Ratio	2.17	2.08	2.08	4.39
Sortino Ratio	3.25	2.94	3.01	7.09
Standard Deviation	0.86%	0.82%	0.85%	0.24%
Downside Deviation	0.58%	0.58%	0.59%	0.15%
Correlation	0.49	0.52	0.56	-
β:	0.13	0.15	0.16	-
α:	0.13	0.13	0.12	-
Mean Return	0.12%	0.11%	0.11%	0.07%
Positive Periods	65 (56.52%)	75 (65.22%)	72 (62.61%)	74 (64.35%)
Negative Periods	50 (43.48%)	40 (34.78%)	43 (37.39%)	41 (35.65%)

投資時，只追求回報是最大的誤區，我們著重的應該是在承受每單位的波動風險下，能得到多少報酬，這才是合理的投資回報評估方法。以此角度，無論是波幅、標準差、夏普比率還是索提諾比率，就算在股票大牛市，固定與穩定收益保守組合都可勝於股票 ETF 投資。

一直以來，經常有人以 2020 年三月股災時債券、ETD 與優先股的跌幅，來企圖證明固定收益投資的風險其實與股票差不多，這是典型以偏概全的說法。在去年美股四度熔斷的去槓桿時期，不止是固定收益資產，全部資產包括公債、黃金、原料等等也是一齊大跌，難道又可以推論出所有資產的風險波動差不多嗎？事實上，在百分之九十的時間裡，固定與穩定收益資產的波動，相對股市都是比較平穩的。如果你是追求平穩的投資人，你會覺得一年裡 10% 時間擔驚受怕，與一年裡 100% 時間擔驚受怕，都是一樣的嗎？

不否認，很多人不甘於半年 7.7% 的回報，覺得自己可以負上更高的風險來追求較高的回報，但其實也不一定就要以股市代替現金流投資。

以上述實例，在沒有用上槓桿而有 7.7% 回報的情況下，如果用上 2 倍槓桿，回報就會增加一倍（先不計借貸利息），已經超越大部分市場的股票指數。2 倍槓桿會使波幅增加一倍，卻仍比股市的波幅低一半，夏普比率則沒有大變。

槓桿可高可低，不使用槓桿是個人的選擇。換句話說，你是可以利用槓桿，來調節自己的目標回報率與風險承擔水平，固定與穩定收益類資產，在這方面的計算也較為準確。如果是股市，就沒有這個彈性了。

CHAPTER

2

實戰總論

什麼是資產配置

資產配置（Asset Allocation）指的是一種理財概念，指因應投資人個別的情況與投資目標，把投資分配在不同的資產上，藉各資產間的負相關係數，在獲取理想中的回報之餘，將風險減至最低。

資產配置沒有一個定律，簡單至任何超過兩隻以上的股票組合也可以稱為資產配置，基本上因人而異，隨每位投資人的資產、性格、投資目標、承受風險程度有所不同。

資產配置常應用於資產類別上，涵蓋了現金、債券、股票、商品（例如黃金）、外匯、房地產等多方面，資產類別亦可分為流動資產（輕資產）與非流動資產（重資產）兩類。非流動資產通常指的是實物資產，例如實體房地產、實體黃金、

有價值古董等等，而流動資產通常指的是證券化後的資產及現金，例如代替實體房地產的房地產信託基金、代替實金的黃金 ETF 等等。在交易上，無論是方便度、效率性還是交易費用，流動資產肯定比非流動資產好得多，當然非流動資產也有其優勢（主要體現在人的心理上）。

這本書所分享的懶系投資法實戰，只應用在流動資產的配置上，更精確來說，是流動資產中的投資組合。

資產配置有一個前置條件，就是投資人需首先評核自己個人

因素，包括主動收入、年齡、心理質素、投資經驗、本金、負債、稅率、投資目標等方面，以決定各資產的配置比例。而懶系投資法所主張的現金流資產配置，更進一步加入現金流效率的概念，這個過程，易學難精，需要一定的理財智慧。

多元現金流

在筆者前一本書《懶系投資：穩賺，慢贏，財務自由的終極之道》中，主張的是「多元現金流」，介紹了九種現金流工具。在結語中，以一段話結束全書：

「世界上沒有完美的事，自然也沒有這麼完美的工具。投資人應該依照自己的能力、性格去尋找與選擇適合自己的投資工具，取長補短，以組合形式達到目標。」

基本上，筆者不同意有些投資人將資產分為好資產與不大好的資產這種說法。認為資產不分好壞，只分特性，不同的特性，適合不同的人，也就是說**適合你的資產，就是好的資產**。債券沒有成長性就不好嗎？但沒有成長性同時帶來的可預測

性，如果正是筆者需要的，那對筆者來説就是好資產。

不少投資人以為現金流資產就是固定收益資產，而固定收益資產等於債券，這絕對是錯誤的，債券只是現金流投資中的其中一種工具而已。作為現金流投資人，我們必須了解，不同的市況會對特定的資產產生影響，只持有一項資產，並不能應對不斷轉變、且有週期性的市況。

將資產配置的觀念應用在現金流組合中，用多種工具創造多個收入流，就是所謂「多元現金流」。當然，初學者很難同時精通數種工具，建議先專注由一兩種現金流工具開始，之

後再將其延伸或是擴大，最後形成自己的多元現金流。

現金流工具基本分為固定收益與穩定收益兩類，大多數在前書介紹過，讓我們再看看有哪些：

1. **公司債券**：固定收益類，現時十年期 BBB 以上的投資等級債券收益率約 3%，十年期 CCC 垃圾債券收益率約 8.4%。
2. **ETD 與優先股**：固定收益類，現時投資級別收益率約 4%-6%，非投資級別收益率約 6%-11%。
3. **市政債券 CEF**：穩定收益類，收益率約 4.2%-5.5%。
4. **高收益債券 CEF**：穩定收益類，收益率約 6%-12%（未扣稅前）。
5. **房地產信託基金（REITs）**：穩定收益類，收益率各自不同。
6. **商業發展公司（BDC）**：穩定收益類，收益率約 7%-10%。
7. **高息股票**：穩定收益類，主要指公用、電信等穩定行業的股票，收益率各自不同。
8. **股票選擇權**：不穩定收益類。
9. **股權分置公司（Split Share Corporation）**：主要在加拿大股市上市的投資基金，分為優先股與普通 A 類股份。前者

屬固定收益類，收益率約 5-6%（未扣稅前）；後者屬穩定收益類，收益率可高達 7%-15%（未扣稅前）（後文會再分享這種投資物）。

……

一個良好的資產配置的分散基礎，地域、類型、產業、年期，缺一不可。作為現金流派別投資人，我們著眼的應是整體資產配置的平均殖利率，不要太強求每項投資物都要達到目標殖利率，否則就會失去平衡。

這就像一支足球隊，有負責防守的後衛，其殖利率較低但波動也較低；有負責進攻的，其殖利率較高但受市場氣氛影響也較大；當然還有負責中場的，可能就是你的核心投資。但在這之前，六個月至一年以上的生活現金是一定要準備的，記住這些現金不可作任何投資，最多作一些定期存款。

投資組合的範例

雖然以資產配置的角度來配置的投資組合，依個人個別情況

而不盡相同，不過對一般投資人來說，還是可以參考一些基準（Benchmark），然後依照自己的實際情況進行調節。

這裡，筆者嘗試以債券為核心投資，依照一般業餘投資人的風險承受能力做一個範例，投資人可由此出發，然後依自己的風險承受能力加以調整。

首先，大家要知道，即使已實行風險分散，但風險與波幅在一般情況下是仍是成正比的。天下沒有免費午餐，現金流回報率愈高的組合，整體所承擔的風險也愈高。在現在低息環境，如果沒有做任何槓桿，現金流組合較合理的保守殖利率應該在 5% 以內，超過 5% 筆者會視為開始有風險的組合，需有一定能力去承擔。

我們將投資物分為不同類型，第一類負責防守的，可以是可抵禦金融風暴、美股熔斷的美國公債，甚至定期存款，酌量配置一至三成；第二類負責進攻的，可以是增長股、房地產信託基金（Reits）、商業發展公司（BDC）這些波幅較高的穩定收益型資產，配置一至三成；第三類負責中場的，筆者

視之為核心的收益資產，例如公司債券、ETD、優先股、市政債券 CEF 等等，配置五至八成。

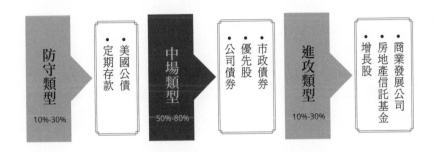

中場也分為進攻中場與防守中場。防守中場是較穩健的公司債券，或很穩健公司發行的 ETD 與優先股，或市政債券 CEF。進攻中場則是發行企業有一定潛在問題的高收益債券，該公司可能營運有轉機或仍在泥沼中掙扎，但經過分析後有信心可以在到期日前支付債息、並在到期日準時還款。

如果沒有能力去選擇公司債券，可以用債券 CEF 代替。

但公司債券的分布，除了留意殖利率、公司類型外，如何分配債券年期？在一般的做法，筆者會建議沒有什麼事的話就把債券持有到期，由於投資債券的當下，就已經決定了自己

的回報率，發行公司基本因素沒有轉壞的話，就把價格的波動拋諸腦後，把時間放在更重要的地方。所以，債券的到期日，就真的等於投資人持有的年期。

一般建議的做法，是將債券年期分成短中長三種。短期債指的是五年之內到期的債券，中期債指的是五至十年的債券，長債則是指十年以上的。有一點要注意，長債到期日再遠，也不要遠過投資人考慮的最後投資時間。假如投資人今年 45 歲，考慮最後投資時間為 70 歲，則長債到期日不要超過 25 年。

中短期債券如果再配合債券梯（Bond Ladder），則每年（或隔年）都有債券到期，然後再將收回的本金以上述的原則再投入，這就有效減低利率與再投資風險。因為這等於是變相的平均成本法，可以減低市場波動帶來的影響。需要留意的是，每次收回本金再投資時，市場利率與經濟環境都可能有所不同，千萬不要為維持目標利率而提高風險承受的考慮。

此外，利用公司債券每年配兩次利息的特性，只要選取六檔配息月份不同的債券，就能夠維持每個月都有現金收入。如

此每月、每年都有現金流，就已經建立了一個週全的現金流系統。

至於短中長期的債券比例，因人而異，沒有特別看法的話也可以平均分布。原則上而言，愈有信心的公司發行的債券，到期日就可以愈遠。最遠期的債券，應是你最有信心的公司發行的債券。這方面信評公司的評級只能作為參考，最重要是建立一套評估公司質素的系統。在《懶系投資：穩賺，慢贏、財務自由的終極之道》一書分享過懶系評估法六大步驟，就屬於此類。

有一種說法，是現在不是收息資產的合適時機，最佳投資時機，應是大危機過後、經濟開始上升的時候。個人認為這種說法是廢話，與說「完全沒危機才投資」的說法，沒有兩樣。投資世界永遠面對不可知的風險，留意歷史，當全世界都認為「現在是最無風險、最好的投資時機」時，往往就是大股災的前兆！空手等待其實等於「Time the Market（擇時交易）」，如果你有準確預測後市漲跌的能力，建議你直接投資股票、甚至是盡用槓桿投資股市來賺價差。而投資固定收

益資產，時間才是最得力的助手，等待一年，就是損失一年的回報。

對筆者來說，空手等待無異於賭博：後市漲——輸；後市橫盤——輸；後市微跌——平手；只有後市跌超過一定幅度，才有贏的機會。贏錢機會率這麼低的賭局，筆者是不會參加的。個人而言，筆者永遠不敢百分百相信自己的判斷，真的看淡後市的話，最多採用分段進場的方法。想賺利息又想賺價差、永遠想買在最低點，是散戶的通病，如果真有這能力當然好，但一般人容易受市場氣氛影響兼自視過高，反而容易增加風險甚至導致虧損。

對中短債而言，更進階的做法，還必須查閱該公司的還債高峰期，確保在到期日前公司有足夠財力可以償還本金。具體方法，在之後的章節詳細分享。

固定收益資產投資的思維差別

在筆者與網友的留言與私訊溝通中，感覺多數人都習慣將投

資股票的思維，直接套用在固定收益資產的投資上。以持有公司債券為例，每當相關一家公司有什麼消息，第一時間考慮的是，對公司未來前景可能帶來的影響。如果認為對公司的業務發展前景有負面的可能性，就立即詢問是否要賣出手中持有的公司債券。

他們的想法沒有全錯，公司債券需要承擔信用風險，因此與股票一樣都算是風險性資產。撇除為賺取資本利得（即低買高賣的交易）而進行的交易外，股票投資人與公司債券投資人其實都是站在類似的角度，即看好公司未來發展的角度去投資。只不過之間還是有所分別，其中最明顯的一點，體現在對於公司財報的判讀。

從財報的角度來說，**股票投資人主要關注的是綜合損益表（Income Statement），主要反應公司的獲利與成本表現；債券投資人主要看的則是資產負債表（Balance Sheet），主要反應公司的資產、負債還有股東權益結構。**

有很多人質疑，為什麼要投資公司債券呢？既然兩者都是承

擔一間公司的信用風險，投資股票不就好了嗎？

這就要回到最基本的股票與債券性質上的不同。通常當一個投資人的投資經驗多了，了解到股票投資回報的不穩定性，或當資產大到一定程度，就會追求相對穩定的資產。公債雖然安全，報酬率卻相對太低，而股市表面上報酬高，風險與波動同樣高得多，需要更高的選股技術、分析技巧與心理質素。

無論是美股、港股還是台股，調整的頻率與幅度，往往比固定收益資產高得多，很考驗股票投資人的信心與面對逆境的實力。手中擁有 100 萬資產，一星期內損失了 10 萬，這不是人人都受得了的。

如果是公司債券，正是公債與股票兩者之間的平衡點，波動相對低、報酬穩定又不會太低（假設沒有槓桿）、擁有到期回本的保障、萬一公司出問題時償還順位也較高。更重要的是，由於報酬率在投資前已計算了解，並不需要太在意其間的價格波動。

股票與債券投資的目的也不盡相同：股票投資的目的，主要

是從公司的獲利分一杯羹，因此總希望公司能夠持續成長，最好能不斷放大公司的獲利能力（ROE ／ ROA）；公司債券投資人的主要目的，則是為了收取固定的債券利息，如果公司能夠持續成長當然很好，但是畢竟每年收息的金額不會變動，因此最主要還是希望公司能夠穩健經營，如果公司因擴張而犧牲長期穩定性，反而是公司債券投資人所不樂見的。

其他固定收益資產，例如 ETD 與優先股也作如是觀，其本質與公司債券是一樣的。

如何判斷有用訊息

股票投資所用到的技術指標，包括千奇百怪的圖表與出入市訊號，固定收益資產的投資人根本完全不需要用到，他們要衡量的，只是現金流的效率是否可以接受而已。

至於債券的衍生資產，例如債券 ETF 與 CEF，倒可以參考圖表派的工具，例如股價平均線、MACD、保力加通道等等。但這也只是幫助投資人判斷買入的相對低位，盡量避免剛買入

就被套牢，心理感受不好。而一旦買入後，記住你的初衷是穩定收息，並不建議以圖表訊號進進出出來賺取價差——想賺價差的話，倒不如直接投資股票算了。

投資公司債券（或 ETD、優先股），最需要改變的，反而是對市場與公司消息的反應。這裡又分為短期債券（五年以內）與中長期債券（五年以上）兩種。

對短期債券而言，由於絕大部分消息影響的都是公司長遠的發展前景，其實並不需太過理會。只要你懂得在投資前，計算出債券到期時，公司有無足夠的現金來還債，就已經足夠了。至於公司的發展遠景，聽一下就好。

對於短債投資人來說，只要消息不致令公司在短時間倒閉，都屬於噪音。百分之九十以上的公司消息都是噪音，例如，新一季的營運比預期差，股價大跌，但在持有短債的角度來看，一季的營運數字怎可能令公司在短期內倒閉？

在後面的章節，筆者將具體分享如何分析短期債券、確保債

券到期不違約的方法。

至於中長期債券（包括到期日極長的 ETD 與優先股）又如何？
首先，如果投資人有分析能力，筆者一向建議短年期債券可
以選擇高收益的，但長年期債券、ETD 與優先股，應該選擇
評級較高、或業務相對平穩的公司（例如銀行業、電信業）。
因為世事無常，從財報很難去預測超過五年的公司前景。

股票投資人通常都對市場消息維持極高的敏感度，因為股價
很容易隨著不同消息而波動。但所謂市場消息，可以今天好、
明天轉壞，甚至同一條消息，今天可以當成利多、明天卻成
為利空。

高評級或業務穩定的公司，很難因為一兩條消息而短期破產。
通常是連續一段長時期不斷發生負面事件，同時評級機構不
斷將其降級，最後才發展成有破產危機。所以，債券投資人
對於偶爾發生的一兩件負面事件，並不需太放在心上。

債券投資人看待公司消息的角度，也與股票投資人有所不同。

債券投資人的關注點很簡單，就是「這條消息會否導致公司破產？」

以公司最新釋出的季報為例，多數行業都有營運週期，當新一季的營運不符理想時，對股價就會造成壓力。但對債券投資人來說，只要公司還是在賺錢（甚至虧一點點），根本不必放在心上。除非一連幾季，虧損愈來愈嚴重，才要重新檢訂公司的基本因素。

此外，不少公司為了減低負債，會出售業務或資產，這對股票投資人未必是好事。因為少一項業務，就少了一個公司增長的機會。

可是債券投資人不會這樣看，順手舉個例子。

2020 年 2 月，LB Brands（LB）將旗下著名的內衣品牌「維多利亞的秘密」（Victoria's Secret）的大部分股權出售給私募基金 Sycamore Partners。可能是出售價值不如市場預期，LB 的股價一度重挫 12%。

LB 擁有兩大品牌：Victoria's Secret（VS）與 Bath & Body Works（BBW）。VS 是大眾矚目的品牌，但近年因為無法跟上電商及市場轉向舒適型內衣的趨勢，銷售表現連年下滑虧損，成為 LB 財政上的負擔。撤除這負擔後，LB 雖失卻發展內衣市場的潛力，只剩下知名度較低的 BBW，但在財務上卻更穩健，且更能集中精力持續經營有盈餘的業務。

所以，雖然股價重挫，這消息卻對持有長年期 LB 債券的投資人來說是正面的。因為債券投資人，想要的是公司穩定性，而不是公司擴張帶來的風險。

FashionStock.com / Shutterstock.com

但 LB 的故事還沒完，由於中國武漢病毒的疫情爆發，接手 VS 的 Sycamore 反悔了，提出訴訟要求與 LB 解約，雙方最終於達成和解，交易取消。

然後，VS 的英國分支宣布破產，美國和加拿大的 250 間 VS 分店永久關閉！ LB 的債券持有人怎麼樣？沒有怎麼樣，就是吃著花生看戲而已。他們更關心的，可能是再也看不到維多利亞的秘密時尚秀。

美股券商的 **SIPC** 保險真的重要嗎？

常見的美國網上折扣證券商，不外乎 Interactive Brokers （IB 盈透證券）、TD Ameritrade（TD 德美利證券）、Charles Schwab（SC 嘉信理財）、Firstrade（第一證券）、及 eToro（e 投睿）* 等這幾間。

這些美股券商的帳戶，如果是歸屬於美國總部而不是地區分

---

* 如果投資人通過 eToro 投資美股，投資人持有的並不是真實股票，而是 eToro 的差價合約 (CFDs)，差價合約與真實股票在股利分配上並沒有分別。

公司（例如香港客戶的 IB 帳戶就歸屬於香港分公司 IB HK，而不是美國總部的 IB LLC），都會受到美國證券投資人保護公司（SIPC）最高達 50 萬美元（現金額度 25 萬美元）的保護。而且，在這個美國政府規定的保險基礎上，多數美股券商還會為客戶投保額外的商業保險，以覆蓋 50 萬美元以外部分。例如 IB LLC 與 Firstrade 就分別向倫敦勞埃德保險公司（Lloyd's of London）購買額外最高達 3000 萬美元與 3700 萬美元的保險，各自的總限額都是一億五千萬美元。

以 IB 盈透證券為例，台灣人在網上開設 IB 戶口，是歸屬於 IB LLC（美國總部），所以受到 SIPC 保護，保障範圍涵蓋戶口內的大部分資產。

但是，美股券商的 SIPC 真的重要嗎？

很多人有一個誤解，以為 SIPC 主要是在證券商破產的情況下起保護作用。其實不是的，單純證券商破產的話，一般來說對投資人的資產並沒有影響。

無論是美國、香港還是台灣,較大型證券商處理客戶資產的方式,都是將客戶資產隔離在專用特殊銀行或託管賬戶中,這種儲備與隔離方式,是證券與商品經紀的核心原則。妥善分離客戶資產的目的,就是當證券商違約或破產時,如果客戶沒有借入資金或股票,且並未持有期貨資產時,客戶資產可以退還給客戶。

所以,如果投資人的帳戶是現金帳戶而不是融資帳戶,SIPC保險其實只是第二重保險,主要是在證券商破產的同時,又非法挪用客戶資產的情況下才產生作用。如果僅僅是證券商

破產，沒有非法挪用，投資人的帳戶內所有資產，包括股票、債券與現金，由於已與證券商的資產嚴格隔離，投資人並不會有損失。

證券商有可能非法挪用隔離的帳戶資產嗎？目前美國證券交易委員會要求經紀交易商至少每週對客戶的資金和證券進行詳細核對（也稱為「儲備計算」），以確保客戶的資金準確地與經紀交易商的自有資金分開。所以，非法挪用隔離資產的機會，筆者不能說完全沒有，但難度極大、概率極小，我們還是別看電視劇看太多了吧。

但是，如果投資人開設的是融資帳戶，而不是現金帳戶（非融資帳戶），情況就複雜了些。因為即使投資人的融資帳戶沒有借錢，也很大機會是沒有被隔離的（視乎證券商的個別情況），證券商要挪用的話，還是有機會的。在這個情況下，證券商是否持有自營持倉與交易就很重要了。如果證券商沒有自營持倉與交易（即投資業務或做市業務），純粹只有經紀業務（有些雖然有，但已經以獨立公司營運的方式將投資業務與經紀業務嚴格分開），一來破產機率較低，二來日後

即使破產，客戶資產被影響的風險也大大低於其他持有投資業務的證券商。而過去十年最大的兩起美國證券商破產事件（雷曼兄弟與 MF Global），都是由於自營持倉與交易導致的風險造成。

順便再補充，SIPC 保險保護大多種類的證券與現金，包含國庫票據、股票、債券、共同基金、外幣與其他已註冊證券，但並不包括一般商品與外匯的期貨或選擇權等衍生品、年金合約及任何市場虧損。如果同一位客戶在同一間證券商擁有兩個帳戶，SIPC 保險會將之合併，總額仍是 50 萬美元。

美股券商中 IB 比較特別，除了美股美債外，IB 客戶更可以投資非美國資產（例如港股、英國股票、新加坡 Reits 等等），這些非美國投資物是否也包括在 SIPC 保險內呢？為此筆者特地以 Message Centre 直接書面詢問 IB LLC，對方初時不大肯定，想含糊地糊弄過去，經過再三追問，最後得到正式答覆：「I confirm that non-U.S. securities are covered by SIPC for accounts held with Interactive Brokers LLC.」

意思就是，即使是非美國資產，也包括在 SIPC 保險之內。

總結，SIPC 保險對現金帳戶的重要性其實不大，但對融資帳戶還是蠻重要的。

初心者的投資配置法

有網友反映，覺得自己缺乏投資十多廿檔債券／優先股以分散風險的能力，所以覺得高配息的股票基金更吸引，比懶系投資法更簡單。

這令筆者有點疑惑，其一是一般的公司股票並不是現金流投資的好工具，其二是如果不想自行選股，以股票基金代替是可行的辦法，同樣，如果不想自行選債的話，以債券基金代替一樣是可行的辦法。筆者可從沒説過，一定要自己選債選股呀！筆者自己也有投資債券 CEF，不是嗎？

事實上，在你尚未有能力選債選股之前，以 CEF、ETF 作為「代客泊車」的替代方案來進行資產配置，是可行的選項，也是

最簡單的策略。以下以一個例子說明。

首先，高收益債券 CEF 可以作為公司債券的替代品，可在
PTY、PFL、PDI 或 GOF 中選擇 1 至 2 檔，然後市政債券 CEF
中 NZF、NEA 或 PML 中選擇 1 檔，就成為組合中的債券核心。
個人不建議債券 ETF，之後的章節會解釋原因。

然後就是優先股的部分，可以用優先股 CEF 類的 FFC 來代替
持有，執筆時股息率約 6.6%。想要更分散而降低波動的話，
優先股 ETF 類的 PFF 是另一選擇，不過股息率只有約 4.2%。

再來是房地產信託基金（REITs）部分，以 CEF 類的 RQI 或
RFI 代替持有美國 REITs，執筆時股息率約 6%。想要更分散
而降低波動的話，就選 ETF 類的 VNQ，股息率約 3%。

這種 PTY ＋ NZF ＋ FFC ＋ RQI，其實已完成了大部分現金流
資產配置，在現在的最低息環境，回報率在扣除股息稅後也
大約有 6%（NZF 退全部股息稅、PTY ／ FFC 退部分股息稅）。
比例方面可依個人喜好調整，沒有主意就先採用 1:1:1:1 或

2:1:1:1 的比例。假如想要加上一點增長性，可適量加入 VOO ／ QQQ。假如想在 REITs 類別中加入地域因素，可酌量加入加拿大房地產信託基金 ETF 的 ZRE、新加坡房地產信託基金 ETF 的 CLR 或其他國家的 REITs ETF，甚至是全球房地產信託基金 ETF 的 REET 也無不可。

不做槓桿的話，這種投資配置不一定要在 IB 做，只要有任何一個美股戶口就可以實行了，簡單實際。

話說回來，如果你已經是現金流投資的進階者，除了公債與市政債券外，我還是不大鼓勵太過依賴 CEF 或 ETF，一則失

去了固定收益類資產到期回本的最大優點，二則成本的損耗頗高，這損耗主要來自股息稅（直接投資債券或一些優先股都可以避免股息稅）及基金的內扣費。而且，對進階者而言，愈遠離原始產品的投資物，不可知的風險相對愈高，因為你可以控制的範圍愈有限。

但是，對於尚未具備選股選債能力的初心者而言，以 CEF ／ ETF 配置作為起手式入門是恰當的。同時去投資 CEF ／ ETF 及個別債券股票，也沒有衝突。在投資領域裡，實戰經驗往往比理論更重要，先入門實戰，再慢慢提高自己的能力去增添債券與個股成員，遠好過永遠只在門外觀望。

CHAPTER

3

固定收益資產實戰心得

這一章主要是分享在投資固定收益資產時的實戰心得,這裡的固定收益資產,包括債券、ETD 與優先股三類。另外本章也論述固定收益資產的衍生資產,例如相關 ETF 和 CEF 的特色,以及加息週期下的應對方法。

固定收益資產,與一般股票投資最不同的地方,是可以計算回報率與現金流。一方面,投資固定收益資產只需要預測公司到期前不倒閉的機會,比投資股票需要時時預測公司未來業務的發展,難度實在低了太多。

另一方面,高階的投資人,更可以藉由對於產業的熟悉,找到被低估的公司並投資其債券、ETD 或優先股。如果投資的是被低估的股票,就算你是對的,市場也未必認同,很可能下場就是該股票永遠被低估。但是如果投資的是固定收益資產,只要不違約,就會從投入資金的一刻開始,因市場那一

刻的低估而一直給予高效率的現金流。這樣研究公司財報與產業知識才能得到實質的回報，而不是要靠市場上「別人」的資金投入，來「估值回歸」去獲得回報，而且你也永遠不知道什麼時候才能「估值回歸」。

收益率指南

● 收益率分類

債券、ETD 與優先股這些固定收益資產，會根據其票息、價格與其他因素提供特定的收益率或預期收益。但是，由於資產價格隨利率變化與其他因素而波動，實際收益率一直在波動，就產生了幾種計算收益率的方法。一些投資初心者總是被不同的計算方法混淆，不知道應該用哪一種算法，筆者就先分享不同收益率的分別，以及在實際應用時需留意的地方。

大體而言，固定收益資產，以配息計算的收益率，分為下列幾種：

1.**票息率（Coupon Rate）**：即每年利息除以票面價值的年利率。票面價值，一般等於該資產 IPO 時的價格，例如一般公司債券的票面價值為 100 元，ETD 與優先股則為 25 元（有時公司債券發行 IPO 時，會給予初始投資人一點折扣，例如以 95 美元認購票面值 100 美元的債券）。

除浮息產品外，票息率理論上是不變的，而在二手市場上，由於資產價格的波動，所以票息率通常不等於實際收益率，只供參考與計算之用

2.**當期收益率（Current Yield）**：又稱為「直接收益率」或「當前殖利率」，即將票面年利息除以資產現時價格計算出來的每年收益率。在計算過程中，並不會將到期時的資本收益或虧損考慮在內。

當期收益率的主要侷限性在於只是簡單地將票息除以價格，不會考慮本金的返還，所以並不能準確地衡量投資總回報，往往被人所忽視。但其實當期收益率有其重要性，稍後再討論。

3.**到期收益率（Yield to Maturity, YTM）**：又稱為「到期殖利率」，即假設你在二手市場買入收息資產，並持有直至到期日，以年率計算的回報率。在計算過程中，會把資產到期時的潛在資本收益或虧損考慮在內。

以債券為例，假如投資人在二手市場買入債券並持有至到期日，YTM 即以買入價格計算債券投資年回報率，既計算期內收到的利息支付，也包括了債券到期時的本金回報，並將兩者合併轉為年利率。YTM 是最常應用到的收益率，一般我們說收益率，又沒有特別指明的話，都是指這一種。

4.**贖回收益率（Yield to Call, YTC）**：又稱為「贖回殖利率」，適用於可提前贖回的可贖回債券、ETD 與優先股。這是假設投資人當下買入資產後，持有至最近的可贖回日期（在到期日之前的某個時間點）就被贖回，所獲得的年收益率。在計算過程中，會把被贖回時的潛在資本收益或虧損考慮在內。

5.**最差收益率（Yield to Worst, YTW）**：在到期收益率（YTM）

與贖回收益率（YTC）中，取其較低者。最差收益率是衡量固定收益資產在最壞情況下能獲得的最低收益率（違約除外），在一般情況下，最差收益率總是小於或等於到期收益率。

● 盈透證券（IB）內的債券收益率

盈透證券（IB），因為提供低門檻又多選擇的海外債券，是許多投資人投資債券的選擇。IB 有一套運行在個人電腦上的買賣與監察軟體，功能極齊全，名為 Trade Workstation System（TWS）。在 IB TWS 內的顯示的債券收益率有很多種，現在簡單一一解說。

在 IB TWS 的魔方（Mosaic）或標準交易者工作站（Classic TWS）介面中，將債券加入觀察清單（Watch List）後，我們就可以設定 IB TWS 的欄位顯示。在欄位上按滑鼠右鍵叫出快捷選單，然後選擇「插入欄」／「債券」，再選擇欄位，如下所示：

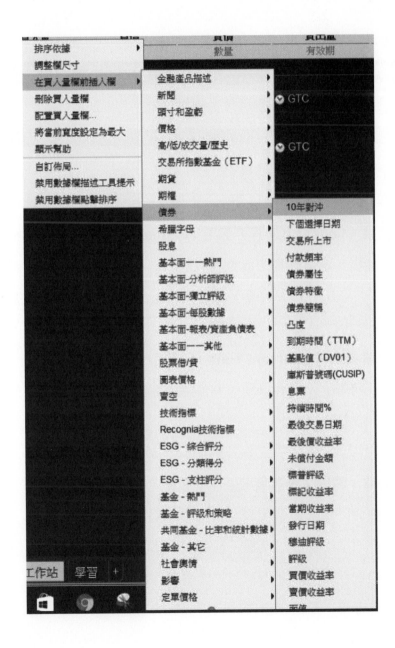

債券的收益率，IB 大致有以下這幾種收益率可以選到：

| 息票 | 當期收益率 | 買價收益率 | 賣價收益率 | 最後價收益率 |

如果是英文界面，這幾種收益率顯示為：

| COUPON | CURRENT YIELD | BID YIELD | ASK YIELD | LAST YIELD |

這幾種收益率的真正意義為：

1. **息票（Coupon）**：即是票息率（Coupon Rate）。息票稱呼的緣起，是指舊時的債券票面的一部分，債券持有人可將之剪下，在債券付息日攜至債券發行人處要求兌付當期利息。

2. **當期收益率（Current Yield）**：又稱為「直接收益率」或「當期殖利率」，即將票面年利息除以資產現時價格計算出來的每年收益率。

3. **買價／賣價／最後價收益率（Bid ／ Ask ／ Last Yield）**：以買價／賣價／最後成交價計算的最差收益率（YTW）。如是不可贖回債券，此欄一般等於買價／賣價／最後成交價計算的到期收益率（YTM）；如是可提前贖回債券，此欄一般等於買價／賣價／最後成交價計算的贖回收益率（YTC）。

● 到期收益率的計算方法

到期收益率（Yield to Maturity, YTM）與贖回收益率（Yield to
Call, YTC）的計算，牽涉到較複雜的公式，因為 YTM 與 YTC
的計算要包括到期或贖回日的總回報，是基於資產的票面價
值、購買價格、餘下年期、票息率與複利來計算出年利率化
總回報。其公式為：

到期收益率的公式   [編輯]

設F為債券的面值，C為按票面利率每年支付的利息，Pv為債券當前市場價格，r為到期收益率，則：

$$P_v = \sum_{n=1}^{n} \frac{Cn}{(1+r)^n} + \frac{F}{(1+r)^n}$$

$$P_v = \frac{C_1}{1+r} + \frac{C_2}{(1+r)^2} + ... + \frac{C_n}{(1+r)^n} + \frac{F}{(1+r)^n}$$

舉例說明：[1]

例題：如果票面金額為1000元的兩年期債券，第一年支付60元利息，第二年支付50元利息，現在的市場價格為950元，求該債券的到期收益率為多少？

$$950 = \frac{60}{(1+r)} + \frac{50}{(1+r)^2} + \frac{1000}{(1+r)^2}$$

YTM=r=8.34%

（圖片來源：https://wiki.mbalib.com/zh-tw/%E5%88%B0%E6%9C%9F%E6%94%B6%E7%9
B%8A%E7%8E%87）

到期收益率的其中一個特色是，除非價格剛好等於 IPO 價，
否則不同日期去計算，到期收益率也會不同。對著以上的公
式，筆者相信除了數學狂人外，沒有人會自行計算吧。

鑑於 IB 的計算不時有顯示不了或不大準確的問題，筆者更喜歡使用一個「網上債券計算機」幫忙。

網上債券計算機：

讓我們以真實發生的情況來模擬，2021 年 6 月 10 日，有人買入一檔 Lloyds TSB Bank PLC 發行的 LLOYDS 12 PERP 永續債券（ISIN XS0474660676），面值 100，票息率 12%，成交價為 109.4。此價券的最早可提前贖回日為 2024 年 12 月 16 日，贖回價為 100。

現在，假設此債券在最早的贖回日被贖回，我們可以利用這個網上計算機來計算出此債券的最差贖回收益率（Yield to Worst, YTW）。

進入網上債券計算機，在「Bond's Face Value」欄位輸入債券的票面值「100」，「Coupon rate」欄位輸入票息率「12%」，「Bond Purchase Price」欄位輸入成交價「109.4」，「Maturity Value」欄位輸入贖回價「100」，「Term to maturity (yrs.)」

輸入贖回日「12/16/2024」，如下圖所示：

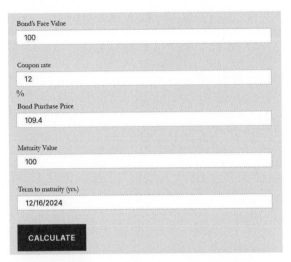

然後，按下「Calculate」按扭，即有計算結果：

Yield to Maturity (YTM) (%)	8.913120654287372
Time Weighted Present Value of Coupon payments (A)	0.5403628794524131
Present Value of Maturity Amount (B)	2.38389193208796
Duration(A+B)(in yrs.)	2.924254811540373

Meaning that the price of the bond will decrease 2.924254811540373% for a corresponding 1% increase in yield (and vice versa)

Simply save this webpage in you computer drive to use this calculator offline !

根據計算結果，假設 2021 年 6 月 10 日以 109.4 價格買入此債券，2024 年 12 月 16 日被贖回，到期收益率（YTM）約 8.91%，債券存續期（Duration）約 2.92 年（即如果市場利率上升 1%，該債券理論價值跌 2.92%）。

ETD 與優先股也可以利用此工具，輸入不同的贖回日或到期日進行到期收益率的計算，不過需留意這兩者的票面值與贖回價通常為 25 美元。

● 當期收益率的重要性

一般的債券收益率指的是到期收益率（YTM）或贖回收益率（YTC），許多人都會輕視當期收益率（Current Yield）。因為如果投資人以低於票面價值的折扣價購買了債券，那麼當到期時獲得全部票面價值時，投資人會期望收益率反映了所有收益，但當期收益率，並不包括到期時的資本利得，從這個意義上說，當期收益率對於衡量總回報是沒有用的。

但是，在現金流角度來看，尤其是中長期的固定收益資產，

當期收益率的重要性，比到期收益率或贖回收益率更重要。

因為，當期收益率是真正反映當下的現金流效率，而且是從買入的一刻起，此現金流就已經在運轉，而不是等到賣出、贖回或到期才實現收益。這一點，在做槓桿時尤其需要注意，當牽涉到賺取信用利差（Credit Spread）時，當期收益率才是計算信用利差的關鍵，拿錯了其他收益率來計算，隨時有 Cash Flow Mismatch 的風險。

舉例，蘋果公司發行的債券 AAPL 2.4 Aug20'50，由於十年期美國公債急升，價格一度跌到了 88 元左右。這是一檔 AA1 級的高投資級別債券，有些人就打起了高槓桿買高評級債券的主意。

如果只看 IB 的買價收益率，會發現此債券的收益率已有 3%，假設做 5 倍槓桿，借貸利率 1.5%，回報率可達 9%（3% ＋ 1.5% ×4 ＝ 9%）。

可是，IB 的買價收益率是以 YTM 或 YTC 計算，並不代表實際

每月的現金流。以當期收益率計算,實際上每年的現金流效率只有 2.7%(2.4 / 88)。即是說,做 5 倍槓桿的話,實際每年現金流回報率只有 7.5%(2.7% + 1.2% × 4 = 7.5%)。而且,以 2.7% 的收益率,對 1.5% 的借貸成本來說,利差實在太窄,途中如遇上加息,隨時會出現借貸利率高於收益率的情況,形成 Cash Flow Mismatch,得不償失。

此外,長期債券的價格對利率的變化具有高敏感性,加息會導致價格下跌,高槓桿有很高的補倉風險。

其實,收益率的計算,屬於現金流投資基礎中的基礎,並不困難。但正因為太基本了,反而容易讓人掉以輕心。初學者最常發生的,是搞不清票息率與殖利率的分別。而一般投資人,則習慣以到期收益率(YTM)去做計算,而忘記了有時贖回收益率(YTC)與當期收益率(Current Yield)更加重要。

為何不應該選擇債券 ETF ？

● 贏面的分析

經常有網友問及投資債券 ETF 可以嗎？債券 ETF 可以代替投資直債嗎？會這樣問的網友，通常都是自覺資本少、想分散投資、不懂小額投資債券的途徑或對自己投資的能力沒有信心。

在股票市場，以 ETF 為工具的被動化投資（Passive Investing）隱隱然已成主流。被動化投資幫投資人用最簡單的方法，取得合理的報酬，過程不需要做研究、不需要做分析，任何人都可以簡單辦到，所以也被稱為「懶人投資法」。

事實上，過去幾十年的實踐證明，股票 ETF 戰勝了八成以上代表主動選股的主動型股票基金，一般人很容易就將此概念套入債券投資上，覺得投資債券 ETF 也會比主動選債優勝。

筆者可以大膽地說，這絕對是謬誤！

我們先來分清楚投資股票與債券的本質。投資股票，是看好該公司未來可以不斷發展，盈利帶動股價不斷升值而帶來的價差利得。可惜在現實上，80 ／ 20 法則同時也適用在股市中——20% 的公司，貢獻 80% 盈利。所以，股票指數的長期上升，其實只由兩成公司貢獻，其餘上市公司要不是毫無寸進，就是苟延殘喘。換句話說，只有選中了這 20% 真正有增長的公司，才可以跑贏大市。因此，主動選股先天的贏面，只有兩成，這也是為何八成主動型基金跑輸大市的一個主要原因。

在輸面高達八成的情況下，放棄進攻，以被動化投資獲取市場的平均回報，是可取的。

可是，債券剛好相反。投資債券並不是要求企業成長，只是要求企業到期前不要倒閉、不要違約，就已經贏了。筆者也不去說投資級別債券，只以垃圾債級別的 Ba3 債券來說，過去十年的違約率大約是 20%。

也就是說，假設同時投資同一檔企業的股票與十年期債券，

同樣投資十年，只論機會率來說，股票的輸面是八成，債券也是八成——不過是贏面。

你知道輸面有八成，所以利用 ETF 轉化為不輸不贏，這很合理。但你知道贏面是八成，竟還要轉化為不輸不贏？而且，你還是另外交錢（基金管理費與行政費用）給別人，去降低你的贏面，傻了嗎？

很多人會說，債券兩成的輸面，可能使你損失所有本金呀！對，所以筆者才一再強調要減低集中性風險。當投資人懂得以行業性去分散投資債券，且數目達二十檔以上，集中性風險已經大大減低了，與投資一百檔、一千檔的債券 ETF 其實相差無幾。表面上，二十檔債券會使違約率開始接近平均值，但懂得選債，會增加贏面。門檻方面，以在 IB 投資債券為例，二十檔的最低消費只是 2 萬至 4 萬美元，如用同類型的 ETD 與優先股代替部分，則消費更低。

當然，前提是投資人要有能力選擇並管理二十檔債券／ETD／優先股，但不會比投資股票要求的技術難。所以如果問筆

者，要贏面還是要分散風險？——小孩子才做選擇，我、全、
都、要！

● 債券與債券 ETF 優勢對比

大框架分享了，接下來我們來講講債券相對債券 ETF 的其他
一些優勢：

✓ **可靠的現金流與到期還本**：這是債券最無敵的優勢。可靠
的現金流這點不必多說，大家都可以領會。至於到期還本，
遠不只是保本這麼簡單，還可利用債券梯（Bond Ladder）
為基礎，作為規避利率風險的利器。舉例，在加息週期時，
債券 ETF 就只能不斷跌價來維持利差，投資人必須「硬吞」
價格虧損。而做了債券梯的投資人，則是每年或定期都有
保本後的資金回籠，可以折價投資於因加息而價跌的同等
風險債券之上。

✓ **費用**：ETF 基金的每年內扣總開銷較一般主動型基金為低，
但因債券的利息有限（尤其是投資級別債券），基金內扣

費所佔的百分比可以非常高。以台灣的中信高評級公司債
（00772B）為例，高評級公司債現時的平均殖利率只有大
約2.4%左右，而00772B在2019年的基金內扣費為0.31%，
也就說，你每年的債息將失去13%。美股的LQD呢？雖然
內扣費低至0.15%，但也令所收債息失去了6.25%。

✓ **稅項**：直接投資美債，支付的債息屬於利息（Interest），
不用繳任何稅項。但不知為何一轉為債券ETF，就被定性
為股息（Dividends），被強行先繳交30%股息稅。雖然近
年多間證券商開始有部分退稅，但有的退、有的不退，退
稅時間與金額又各有不同，令人眼花撩亂、難以適從。以
富邦證券為例，同是以美債為主的ETF，2019年LQD退稅
79%、JNK則退稅71.5%（可參看蔡賢龍醫師於部落格〔急
診最前線，投資現金流〕的整理），退稅多少好像抽獎一樣。
如果直接投資債券，就不必去煩這等鳥事。

蔡賢龍醫師2019富邦複委託退稅整理：

✓ **靈活性**：這點其實不必多說，如果有能力自己選擇債券，

加上適當槓桿，風險與回報的平衡都可以在自己手上。不過，對於無自制力的人來說，靈活性反而容易令他們為求高回報而忽視風險。

債券 ETF 也有一堆眾所週知的優點，包括但不限於：

✓ **債券 ETF 較多樣化，可用較少金額一次購入數百甚至數千檔債券**：但在沒有篩選地全部投資之下，良莠不齊。記住，自主選債的先天贏面其實在八成以上，為何要放棄？

✓ **債券 ETF 流通性高、易於交易**：這點是事實，債券由於屬場外交易（OTC），有相對的流通性風險。不過，投資債券的本意就是持有到期，一般情況下流通性風險與你無關。再想深一層，如果你直接購入一籃子債券，發現其中一檔的發行公司出事了，有違約的可能性，雖然有流動性風險，你還是可以選擇停損。但債券 ETF 可沒有這個選項，只會任由組合內的債券違約。從此角度來看，前者是難以交易，後者是不可交易！

✓**債券 ETF 每月支付利息，債券每半年才支付一次**：這真的只是技術問題，只要你投資六檔不同月份的債券，就可解決了。而且債券 ETF 每月配息金額不一，自行投資債券卻可以控制每月的現金流。

低息時期，特別多人想投資債券 ETF。因為在低息年代，美國十年期公債利率可能低於 1.5%，同時拉低固定收益資產的收益率，不少人就覺得債價升得太多，根本沒得選擇，不如投資債券 ETF。這其實是逃避式的想法。

筆者很明白這些人的想法，曾經滄海難為水，經歷過相對高息的時期，他們對於殖利率的要求，可能還停留在幾年前，覺得高投資級別債券必須提供 6% 以上的殖利率。

可惜，地球不是圍著他們轉的，利率是有週期性的。如果在代表無風險利率的美國十年期公債收益率低於 1.5%，他們的期望在那一刻是不現實的（除非如 2020 年 3 月那般的股債大災再度發生）。我們只能順應時勢，靈活利用多元現金流概念或低息槓桿來對應不同的市況，並等待下一次的加息週期。

在低息時代，投資人找不到的「低風險、高回報」債券，其實債券 ETF 也沒有，因為大家都是在同一個池塘。因為低息而投資債券 ETF，你只是閉上眼睛，妄想什麼都不做，別人就會幫你完成不可能的任務罷了。

● 截然不同的債券 CEF

有人提出，除非你的能力比普通人優勝，否則以平均值來看，直接投資債券不可能贏過投資債券 ETF，因為 ETF 就是市場的平均值，不是嗎？

這是因為股票與債券，是截然不同的本質，輸贏的定義有根本上的不同。以賽跑為例，股票的輸贏，是看誰跑得快，贏的人只是少數（而且是一直在跑沒有終點）；而債券的輸贏，關鍵在於只要賽跑途中不跌倒，選手安全地跑完全程就算贏了，贏的人是多數。

債券有到期日的因素，贏的條件，不是比較誰的回報高（因為回報在投資那一刻，就已經知道了），而是在到期日、贖

回日或投資人主動賣出日前，企業不倒閉、不違約，那就算贏了。在這種定義下，大部分債券投資人確實都是贏的。

而且，債券市場並不是一個有效率的市場，可能與它屬場外交易、流通性不足有關，效率市場的數學計算往往在此失效。這就形成封閉式債券基金（Bond Close-End Funds, Bond CEF）的中長期表現，大部分都遠勝債券 ETF 的現象。

在前一本書《懶系投資：穩賺，慢贏、財務自由的終極之道》中，筆者曾將不同類型的高收益債券基金，包括開放型（OEF）、封閉型（CEF）與 ETF （HYG）進行比鬥，結果顯示，無論三年、五年還是十年，所有封閉型高收益債券 CEF 的夏普比率都完勝高收益債券 ETF。至於開放型的債券基金，由於其結構性限制及高收費，表現就跑輸給了債券 ETF。

債券 CEF 是探用主動管理，相似於自己選債，贏面較高。加上債券 CEF 多會使用槓桿（這也是開放型債基在結構上不允許的），在贏面較高的條件下又增加了收益率，表現當然就跑贏債券 ETF 了。

那麼，債券 CEF 是否就可以直接取代投資人自己選債呢？筆者只能說，債券基金是一種「代客泊車」的策略，可作為平衡投資組合的一部分，或作為初學者在未熟悉債券市場前的替代品，但並不能取代直接投資債券。除了基金收費蠶食回報外，債券 CEF 的配息需繳交股息稅、債格容易受市場氣氛影響、波幅一般較高外，又失去債券到期回本的最大優勢。

公司破產怎麼辦？

● 破產的方式

投資債券與 ETD，最怕的就是遇上公司違約，而公司違約，通常就是想要破產的時候。當然，我們可以藉著自己的分析，努力降低手中組合遇上公司破產的機會。但是，「萬般皆是命，半點不由人」，特別是如果你所持有的是高收益債券組合，又有誰可以百分之百肯定，自己所持的債券組合中的任何一檔，一定都不會有財務困難的一天？

凡事都要做最壞打算，為保障自己的利益，對美國破產法有基

本的認識還是需要的。起碼萬一手中的一兩檔債券的發行公司，如之前的 Frontier、JC Penny、Hertz、Intelsat、CBL、WPG 那樣申請了破產保護，你也大致知道會發生什麼事，不至於太手足無措。

根據美國破產條例的規定，個人或公司可以用以下五種方法宣布破產：

1. 解散性的破產。
2. 政府重新組建：在公司宣告破產的同時，有可能因其所在地政府的要求，重新組建該公司。但這種由政府出面來重新組建公司的方法比較罕見。
3. 公司或個人在向法院申請破產的同時，可以同時要求重新組建其公司。這是現在最常見的做法。
4. 家庭農場重建性的破產，通常發生於小規模的農業或畜牧業公司。
5. 個人破產。

與債券相關的，通常只有第一種與第三種方法。換句話說，

公司一旦陷入無力清償負債的狀態，公司可以選擇兩條路：清盤或重組。前者，會根據美國破產法第七章進行清算；後者，即現時最常見的破產保護，會以美國破產法第十一章進行重組。

● 公司清盤

當公司選擇根據第七章的規定申請清盤時，過程較為簡單。法庭將會任命一位破產財產管理人（Trustee）負責關閉企業與出售企業的財產，然後將出售所得的收益，在支付清盤相關法律開支、政府稅項與僱員欠款後，分配給債權人（即債

券持有人），最後解散公司。而債權人的分配，必須按照不同類型債券的償還次序來進行償還，這就是「絕對優先權原則」（Absolute Priority Rule，APR）。至於具體哪些資產具有較優的償還順序，在上一本《懶系投資：穩賺，慢贏、財務自由的終極之道》中已有論述，這裡只簡單列出其順序：

1. 第一留置權債券（First Lien Bond）或優先擔保債券（Senior Secured Bond）
2. 優先無擔保債券（Senior Unsecured bonds）
3. 無擔保債券（Unsecured bond）
4. 次順位債券 (Subordinated bond)
5. 低次順位債券 (Junior Subordinated bond)
6. 優先股（Preferred Stock）
7. 普通股（Common Stock / Ordinary Shares）

通常公司清盤後，債券持有人大部分都拿不回百分百的票面價值，償還次序較後的優先股與普通股股東，自然是一毛錢都分不到了。所以，理論上優先股的償還次序在普通股之前，其實就只是心理安慰而已──假如優先股股東在公司清盤後

竟然還有錢可分到,那這間公司根本就不需破產。所以,公司清盤後,優先股股東與普通股股東,沒有分別,都是一起去睡公園的。

● 公司重組

不過,現在的趨勢,基本上沒有什麼財困的美國公司會選擇直接清盤,大多數都是選擇根據破產法第十一章「重組」,向法庭申請破產保護令。無論是 Windstream、Frontier、JC Penny、Hertz、Intelsat,還是因頂不住中國武漢疫情而違約的零售商場 CBL & Associates Properties 與 Washington Prime Group,都是選擇這種方式。

破產法第十一章「重組」的最後目的是拯救企業,使企業擺脫無力償債的困境,重新恢復生機。破產保護令可由債務人(即財困的企業)入稟申請(自願呈請),也可由債權人(債券持有人)入稟申請(非自願呈請)。美國破產信託人會委任一個債權人委員會,監察企業的業務運作以及參與草擬企業的重組計劃。企業要在 120 天內提出重組計劃,但法庭可

將提出重組計劃的時間延長至 18 個月。提出重組計劃後，企業又有 180 天的時間，爭取債權人及法庭批准，而法庭又可將這段時限延長至 20 個月。從申請破產保護開始，企業就可以停止支付所有債券利息與本金，直到重組計劃批准並付諸實施。

所以債券投資人一旦遇上企業申請破產保護，如果不停損，根本就無事可做，只有等、等、等，等重組計劃提出、等重組計劃通過，等上一年半載也是司空見慣。

重組計劃如果得不到債權人及法庭通過，可以被強制返回破產法第七章，進入公司清盤程序，稱為強制破產（Cramdown）。

如果重組計劃通過了，對投資人而言，就是公司合法賴帳，可能是完全賴債、延後還款、以債換股、以低於票面值的價格贖回債券、或發行新的遠期債券代替舊債券等等。總之，企業的大部分債務大多會暫時或永久得到解除，達致破產法第十一章的最終目的：為企業帶來重整旗鼓的機會。至於債券散戶重整旗鼓的機會呢？……嗯，除了散戶自己，大概也

沒有什麼人去理會的。

在企業申請破產保護後，雖然相關股票會停止交易，但公司仍以「已申請破產保護的公司」（Debtor in Possession）的身分繼續營運，而相關債券仍可以繼續在 OTM 市場上交易，其配息與本金償還都會暫停，所以交易價格通常一定是比申請破產保護前低的。至於低多少，則視乎市場對重組計劃的信心，以及對公司所餘資產的估計。

在等候期間，債券持有人可以在市場上賣出債券停損，或等待證券商通知重組計劃的結果，其間證券商亦會透過代理公司（Proxy Company）轉交相關通知及文件。投資人可能會收到一份稱為「Proof of Claim」的表格及稱為「Bar Notice」的相關通知。「Proof of Claim」表格類似保險公司的索賠表格，用於在破產個案中要求企業付款。投資人必須仔細閱讀「Bar Notice」通知，看看自己是否需要填寫並提交，以保證日後可以得到賠償（如有）。證券商一般並不會幫客戶提交這類索賠表格，或需要收取很貴的手續費。以 IB 為例，有網友詢問過 IB 客服，如屬 IB HK 客戶，IB 並不會代客戶提交索

賠表格及處理賠償手續，而 IB LLC 的客戶則可以要求 IB LLC 代為處理，但整個過程需收取賠償金額的 20% 作為手續費。

銀行資本協定下的債券風險

● 銀行債券的特殊性

不少投資人喜歡投資金融機構發行的債券，因為通常金融機構，尤其是銀行，都有比普通上市公司較高的評級，並有大得不能倒的特性。以投資級別的銀行為例，公司的平均違約率大約只有 0.62%，許多聰明的投資人就想到，反正違約率這麼低，就選較低級但回報率高得多的 Subordinate Note、永續債甚至 Coco 債（Contingent Convertible Bond 即應急可轉債）就好啦，風險也沒有什麼分別啦。

一般投資人的理解，債券違約的條件，是公司出現財政困難而無法償還債息或本金，就會正式進入違約。公司通常先嘗試進行破產保護與債務重組（詳見上一節），要是債權人不服氣，就能入稟法院申請清盤，然後變賣公司資產，再按債

權順序把清盤所得還給債權人。

照這樣的推理，不同級別的債券只是償還順序與損失本金百分比的不同，只要公司不破產，大家承擔的風險是一樣的。

基本上這樣的理解沒有錯，除了銀行！

銀行債券產品，關係到銀行資本協定，特別是經常聽到的「巴塞爾協議」。但在瞭解之前，首先要對背後複雜的資本管理及監管機構的思維有一點認識。

一間大型的國際金融公司，例如大型銀行，如果宣布破產，會對社會造成極大的震盪（大家回憶一下當年雷曼事件就會理解）。因此，在雷曼兄弟破產兩年後，世界主要國家的央行總裁與金融監管首長，在瑞士巴塞爾通過了「巴塞爾協議 III」，以加強金融機構管理，使全球金融業更安全，防止金融危機再發生。

措施的目標，就是在某些警號出現時，銀行就要做點事情，

確保經營能力不會持續惡化。而監管機構所使用的其中一個指標，就是資本充足率（Capital Adequacy Ratio）。

所謂資本充足率，說穿了就是銀行的財務實力。一旦發現資本充足率不足，一般的公司，應付辦法不外是配股／供股來擴大股本、或是變賣資產增加現金，但對於銀行來說，這都是很沒有面子的措施。

所以，天才的金融精英們想出了一個好辦法：直接將一部分債務倒掉！

情況就像一架載滿乘客、正在高空飛行的飛機，機長發現油量可能不足以維持飛到安全的地方降落，為避免整架飛機墜落（公司破產），就將一部分乘客扔下飛機——而且沒有給降落傘的哦！

銀行那些千奇百怪的債券產品投資人，就是那些準備被扔下飛機的乘客。

好，接下來是沉悶的專業講解部分了，請做好心理準備。

● 銀行的資本充足率

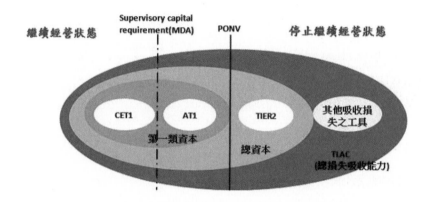

如果大家有留意銀行業的數據，經常會看到上圖的 CET1
（Common Equity Tier 1）、AT1（Additional Tier 1） 或 T2
（Tier 2）之類字眼。這些是不同資本級別的名稱，共同構成
銀行的資本充足率。當它們低於某個比率，就代表銀行的財
務實力出現了問題。

CET1 與 AT1，屬第一類資本（Tier 1 Capital），只看這個名稱，
有很優質的感覺，對不對？嗯，確實很優質──不過是對監

管機構與銀行而言。對投資人來說，第一類資本，則代表了第一級危險。

CET1（Common Equity Tier 1），指的是銀行的核心第一類資本，通常指公司股本的持有者，亦即大家熟悉的普通股投資人。股票投資的本質，大家都知道的，公司出事時股票是最快變廢紙的東西，只不過大家好像從未放在心上而已。

如果 CET1 Ratio 過低想要提高，就要降低槓桿比率，對銀行的 ROE 有負面影響。所以，天才的金融精英們想出了一個絕妙的辦法——搞一些平時不是 T1，但危機出現時卻變成 T1 的東西，這就是 AT1（Additional Tier 1）資本的由來。

AT1 就是在特定情況下變成 CET1 的東西，其最大特色，不，應該是唯一目的，就是拿來彌補虧損（Loss Absorption）——不是銀行彌補你的虧損，而是你彌補銀行的虧損。

AT1 的債券，只要觸發特定條件——通常是 CET1 Ratio 跌至某百分比——即使銀行還未進入違約，債權人也會遭受損失。

這種損失，通常以兩種形式實現：

✓**第一種是直接不再履行該筆債項的義務，包括不配息與不償還本金，優先股與某些次順位永續債（Subordinated Perpetual Note）都屬於這一種。** 這種產品的配息與否由銀行全權決定，不配息的話也不算違約。這就是文首所說，第一批直接被丟下飛機的乘客。

✓**第二種是 Coco 債（Contingent Convertible Bond），即應急可轉債。** Coco 債堪稱是金融史上最具創意的金融產品，在觸發條件時，Coco 債就會被強制以特定價格轉換成銀行的普通股──投資人由債權人變成了負債人，真是天才的構思！

不要以為你手持的債券不是屬於 AT1 類別就沒事，當扔下第一批乘客後，如果機長發現油量仍然不大夠，就會扔下第二批乘客──T2（Tier 2）債券的投資人。這個時候，代表銀行進入了 PONV（Point of Non-viability）的臨界點，已經無法繼續經營下去了，所以 T2 的工具也要拿來彌補虧損。

T2 工具包括償債順序高於 AT1 債券的次順位債、較高級的 Coco 債等等。

如果情況壞到連扔下第二批乘客也還未達標，就輪到第三批乘客了——即所有符合 TLAC（Total Loss Absorbing Capacity）架構的債券，因為這些債券也具有損失吸收能力，其中甚至包括了高級無擔保債券。以下是一些海外金融機構的 TLAC 債券產品例子：

海外金融機構的 TLAC 債券產品例子：

記住，這時銀行還未破產，只是在暫停經營狀態。當第三批乘客被扔下去後，銀行得以繼續經營——飛機繼續飛行，乘客卻跌死了，而且大多數死得不明不白。

● 銀行債券的風險

根據「巴塞爾協議 III」的規定，從 2019 年開始，銀行的 CET1、AT1、T2 的最低資本需求分別是 4.5%、1.5% 與 2%，

另外再加上 2.5% 的資本留存緩衝（Capital Conservation buffer），總計 10.5%。

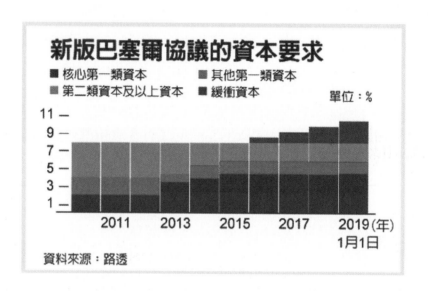

我們投資債券，判斷其合理價格的基礎是其評級（Credit Rating）及與無風險債務的息差（Risk Free Spread）。所謂無風險債務的息差，通常是使用美國公債作為衡量的基準（這一點在《懶系投資：穩賺，慢贏，財務自由的終極之道》一書中的「如何判斷債券的合理價格」章節中有詳細論述）。至於評級，代表了其違約風險的數字，例如標準普爾評級 A- 的公司，其每年的違約率低至 0.05%，代表債權人一年內被違

約的可能性低至 0.05%。

但是，在銀行資本協定下，即使銀行未進入違約，債權人也可能遭受損失。因此，單靠發行人的評級，你根本衡量不了具 TLAC 架構的銀行債券要負擔的實際風險。

以匯豐銀行（HSBC）為例，雖然其近年充滿爭議性，但公司評級仍穩站在 A 級之上。截至 2021 年 7 月 1 日，美國三十年期公債收益率約為 2.0%，依照 A 級公司的風險溢價（Risk Premium）計算，HSBC 長期債券的收益率，應該只在 2.6% 之內。但是，HSBC 發行的「HSBC 6.000% Perpetual Corp (USD)」永續債券，當時 YTM 收益率超過 5.2%，表面上物超所值，對嗎？

可是，這檔債券是 Coco 債，將在 HSBC 的 CET1 Ratio 低於 7% 時強制觸發彌補虧損條款，屆時投資人手上的債券將會被強制轉換成銀行新發行的普通股，轉換價為每股 3.4799 美元。

以 1.7% 的利差，去賭你不會「被股東」，是否值得見人見智。

不過投資這種債券，投資人本金蒙受損失的機率，肯定遠遠超過發行人違約的機率。

也許大型銀行確實是大得不能倒（Too Big to Fail），但世上沒有免費的午餐，只有等價交換。銀行不能倒，代價就是投資人代他倒，是投資人用血肉築成萬里長城，才使銀行不倒。

再提醒一句，債券結構可以千變萬化，投資前需注意其中的細節，避免自己在不知情之下，被機長扔下飛機，死不瞑目。

優先股停息事件

債券與 ETD 停止配息屬於違約事件，那麼優先股停止配息，又會發生什麼事？以下用實例說明。

2021 年 7 月 29 日晚美股一開盤，Altera Infrastructure Partners LP（ALIN）的三檔優先股 ALIN-A、ALINE-B、ALIN-E 即高空跳水，跌幅皆在六成以上。原因很簡單，公司暫停了優先股的配息。

隨後半個月，股價仍反覆尋底，共跌了接近八成。這次事件，哀鴻遍野。

● 公司背景

Altera Infrastructure Partners LP（ALIN），原名 Teekay Offshore Partners LP（TOO），原母公司為 Teekay Shipping Corporation（TK）。TOO 後被 Brookfield Business Partners LP（BBU）收購，改名為 Altera Infrastructure Partners LP。

ALIN 旗下的油輪船隊主要為近海石油業者提供海洋運輸業務。但其業績差強人意，甚至可以稱得上是頗為差勁，從 2017 年起，公司的 Net Income 一直都是負數，三年來都沒有賺過什麼錢，負債也不低。

不過，專事私募股權併購的公司 BBU，在 2019 年 10 月收購了 TOO。BBU 來頭可不小，母公司是加拿大最大、擁有一百二十二年歷史的資產管理公司 Brookfield Asset Management（BAM）。BAM 的市值高達 456 億美元，員工

數目達 15.1 萬。

ALIN 現時共有三檔優先股——ALIN-A、ALINE-B 與 ALIN-E，A 系列與 B 系列已過可贖回日，E 系列的可贖回日為 2025 年 2 月 15 日。直至停息前，三檔優先股都在票面值 25 元之下，收益率在 9% 以上。

雖然 ALIN 公司本身的素質不佳，不過其背後有財雄勢大的資產管理公司支撐，破產機率並不大。由於 ALIN 的優先股收益率高、價格又低於贖回價，沒有被贖回而蝕價的風險，再加上 ALIN 公司不在美國註冊，股息不需繳納 30% 股息稅，成為進取的現金流投資人熱門的選擇。

許多投資人投下了資金，以為可以穩穩地收取每年 9% 以上的股息。

2021 年 7 月，ALIN 公布第二季業績，再次令人失望，淨虧損為 2850 萬美元。為改善其債務到期狀況並增強流動性和財務靈活性，ALIN 實行了兩項措施：與 Brookfield 集團交換債務

以延長債務到期日，及暫停所有優先股的配息。

結果，ALIN 的價券價格沒有受到多少影響，優先股卻遭受了滅頂之災，價格在半個月內跌了八成！

● 災難的由來

投資人在投資 ALIN 的優先股之前，早已知道這家公司營運不佳、年年虧損、負債頗重。仍然選擇的原因，除了高利率之外，背後有一個大金主撐著，沒那麼容易倒閉，是最重要的原因。

這種判斷是對的，在 Brookfield 集團背後的支持下，ALIN 確實沒有那麼容易倒閉。可是，投資人忘記了優先股並不是債券，不是公司不倒閉就沒事的。

當 ALIN（當時仍是 TOO）被 Brookfield 集團下的 BBU 收購時，許多投資人都憧憬新金主會為改善 ALIN 的財政狀況而贖回優先股，令 ALIN 優先股價格大升，回到接近 25 美元的位置。ALIN 被收購後，也不時傳出 Brookfield 集團會贖回 ALIN 優

先股。全世界都認為,無論是正式贖回、還是在市場上回購股份,對股價都是利好的,這也為 ALIN 優先股的價格提供了強實的支持。

可是,Brookfield 並不像投資人想像中那麼善良。他們的手法,是先以某種手段,令優先股股價大挫,然後集團再在市場上偷偷回購,這對他們來說,才是最妙最省錢的改善財務狀況方法。

筆者也持有 ALIN 的 E 類優先股,宣布停息當晚一開市,筆者就將持有的 ALIN-E 股份全部賣出停損,同時亦在筆者的 Patreon 內對會員作出了提示。筆者的停損價在 12 元左右,而之後 ALIN-E 的價格跌到 6 元才勉強站穩。

由於筆者的投資組合有足夠分散,這次停損的損失,只令筆者在 IB 內的資產總值減損了不到 0.58%。對筆者來說,這類風險已在預計中,是投資的成本而已。

● 停息的優先股還有價值嗎？

ALIN 的三檔優先股都是累積型的，也就是説，公司只要不倒閉，理論上最終都要償還所欠利息。只是，這一天是何時？公司開始有正現金流的時候嗎？那麼要轉虧為盈到何程度？而且恢復優先股的配息，還需要先得到債權人的同意。

在未知何時恢復配息之前，沒有配息的優先股，其實一點價值都沒有。繼續持有，是希望等到「價值回歸」的一天，這等於是一場賭博。

賭博，當然也有贏的機會，只要繼續持有，逃出生天的機會總是有的。但是，我們也要考慮到公司的誠信問題。

在一般情況下，雖然優先股停止配息不算是違約，但也不應該是首先被考慮的措施（參考一下匯豐集團被英國政府勒令停止配發股息，也沒有停止過優先股股息）。這次事件，明顯是作為全球最大型集團之一的 Brookfield 不願出手救助 ALIN，寧願選擇犧牲股東利益的結果。他們在收購之前，似

乎早有計劃不將債務揹上身。

對於股票類資產（包括優先股）來説，公司的誠信與道德非常重要。持有一家誠信有問題公司的股票，你在該公司眼中，也不過是待收割的韭菜罷了。

● 這次事件給投資人帶來的教訓

其實，**有投資就有風險，風險不可怕，可怕在於我們沒有風險意識**。現在讓我們看看可以在這課中學到什麼：

1. 優先股雖然是固定收益資產，但本質仍是股票，不是債券。不要以為優先股與債券或 ETD 一樣，公司不倒閉、不違約就會沒事。

2. 普通股的價值在於增長性，優先股的價值在於現金流，沒有現金流，優先股就無價值，起碼在恢復現金流之前無任何價值。持有沒有價值的東西是賭博，賭博不要緊，因為也有贏的機會，只是必須知道自己正在賭博。

3. 筆者曾強調過，投資優先股要優先選擇大型、穩固、營運佳的公司，投資債券反而可以選擇「次一點」的公司（只要不倒閉就沒事）。但是，為了平衡回報率，我們有時也會選擇 ALIN 這種風險略高的公司。而只要選擇了風險略高的公司，出事的機會一定較高，不管你的運氣有多好。

4. 但是，低風險也不等於無風險，除非你選擇的是無風險標的，例如美國公債，否則只要是投資，就一定會有突如其來的意外。投資時間長了，避得了第一次，也避不了第二次，這就是為何我們需要資產配置與分散。也是由於分散，這次筆者的損失才能控制在 0.58% 之內。

5. 當資產有足夠配置與分散後，這種突如其來的意外，我們就當成是投資的成本，不用過於放在心上。

在這次事件後，有些投資人對優先股很有意見，完全否定了所有優先股的投資價值。筆者明白人總會有情緒，但也不必因噎廢食，說到底，這次只是個別案例，如果 ALIN 的營運不是多年來都一直在虧損，母公司也不會有藉口暫停配息。

我們也不必太擔心其他公司會有樣學樣，一般情況下，優先股停息對公司的聲譽影響極大，不但打擊投資人信心，日後公司融資難度也會增高，一般實業公司不到緊要關頭也不會這麼做。因此，投資級別及營運良好的公司出現這種情況的機會絕無僅有，如果真的被嚇壞了的話，日後只投資在投資級別公司的優先股，也是一個選擇。

債券 CEF 減息事件

優先股停止配息其實比較少見，屬較極端的風險，反而基金類減少配息更為常見，當然其中也包括了高收益債券 CEF。以下用實例說明。

● 事件背景

2021 年 9 月 2 日，全球最大型投資管理公司之一 PIMCO 宣布，削減旗下 3 檔高收益債券 CEF（封閉式基金）的配息，9 月起生效。被削減配息的 3 檔高收益債券 CEF，分別是 PIMCO Corporate & Income Opportunity Fund（PTY）、PIMCO

Income Strategy Fund (PFL) 與 PIMCO Income Strategy Fund II (PFN)，減息幅度分別為 8.62%、9.56% 及 10.25%。

PTY、PFL 與 PFN 都是很熱門的現金流投資標的，減息自然引來了投資人的拋售。減息消息公布當晚，三檔標的各跌了約 5%，第二晚繼續跌超過 5%，其中最熱門、溢價也最高的 PTY 最傷，跌了接近 15%。連續兩晚筆者收到不少留言與私訊，最多人詢問的，是應否停損或趁低買入。

之前的章節有提過，這些 CEF 就是代客泊車的工具，當你不懂得選債或懶得選債時，就以 CEF 代替，由基金經理代你選擇並避免了單壓一兩檔債券的風險。

大家都知道，現時債息低迷，如果是你自己投資債券，當債券到期或提前贖回後，再買入同質素債券，殖利率肯定趕不上之前。債券基金經理面對的問題，與我們自己買入債券沒有兩樣，當債券利率遞減時，基金經理只有三條路可選：

1.減少配息

2.以本金配息（ROC）

3.提高風險（提高槓桿率或投資更差質素的債券）

減少配息，已是三條路中較負責任的做法。

CEF 減息，當然會引來拋售甚至市場的恐慌，但我們既然知道原因，反而應該平常心面對。理論上，作為固定收益的代替品，配息減少了 10%，價格相應下跌 10%，是很正常的。

是否停損，還是應該趁低買入？這問題本身就顯示了大部分人還是擺脫不了對價格的執著。回到初心，作為現金流投資人，我們注重的應該不是價格的波動，而是現金流的效率。如果你真的是在高價買入，減息後，計算下來的股息率已不符你的預期，那麼在第一天價格仍未跌得太多、市場仍未完全反映負面因素時，停損是適當的。

那如果跌幅已經超過減息的幅度呢？

我粗略計一計，PTY 在減息前的股價介乎 20 ～ 21 美元之間，

即市場認可 7.4% ～ 7.7% 的股息率是可接受的，減息 10%，理論上股價跌至 18 至 19 美元之間是正常的。只不過，PTY 的溢價高達四成，這次減息不免打擊市場信心，溢價也就不值這麼高了，所以有可能跌過這個價格。這樣計算，如果你之前在 20 元以上都肯持有 PTY 的話，在 18 元以下的 PTY，不妨繼續持有。手中無貨的，甚至開始分段吸納。

同樣，PFL 在減息前的股價介乎 12.75 ～ 13.2 美元之間，即市場認可的股息率為 8.3% ～ 8.5%，減息 10%，股價跌至 11.5 ～ 11.9 美元之間是正常的。PFL 的溢價沒有 PTY 這麼高，調整的幅度可能就沒有這麼大。所以，11.5 美元的價格，不妨繼續持有。

有些朋友擔心這三檔 CEF 會否繼續減息，我個人覺得不必太擔心，通常基金公司會考慮配息的可持續性，而選擇一減到底，所以短期內應該不會再減。

但是為何其他同類型債券 CEF，例如 GOF、PDI 這些，又不用減息呢？這也與其基本因素有關。

筆者將 PTY、PFL、PFN 與 GOF、PDI，另外加上一檔高收益債券 ETF 的 HYG，作一個快速對比。首先是槓桿、股息率（減息後）與 Return of Capital (ROC) 的對比資料：

	Name	Price Discount / Premimum	Leverage	Current Yield	Return of Capital (ROC)				
					2017	2018	2019	2020	Yeat to Date
GOF	Guggenheim Strategic Opp Fund	25.07%	28.79%	10.10%	0.00%	14.57%	46.88%	46.88%	61.07%
PTY	PIMCO Corporate & Income Opportunity Fund	25.34%	37.80%	7.78%	7.50%	0.00%	10.42%	7.08%	0.00%
PFL	PIMCO Income Strategy Fund	10.81%	33.72%	8.20%	0.00%	6.87%	5.44%	3.63%	0.00%
PFN	PIMCO Income Strategy Fund II	7.50%	33.23%	8.50%	0.00%	0.00%	0.00%	0.00%	0.00%
PDI	PIMCO Dynamic Income Fund	10.68%	41.59%	9.40%	0.00%	0.00%	0.00%	0.00%	0.00%
HYG	iShares iBoxx $ High Yield Corp Bd ETF	0.19%	0.00%	4.36%	0.00%	0.00%	0.00%	0.00%	0.00%

GOF 的槓桿率比另外四檔 CEF 的槓桿率都要低，卻配發超過 10% 的股息率，為何？原因可能在其 ROC 數字上（由於計法的不同，GOF 的 ROC 數字可能沒有這麼高），而 PTY、PFL、PFN 今年都忍住，沒有任何 ROC。

但 PDI 股息率也很高，又沒有 ROC，為何又不用減息？可能只是還沒減，也可能與其投資成分有關：

		Sector Weightings					
	Name	Government	Corporate	Securitized	Municipal	Cash & Equivalents	Other
GOF	Guggenheim Strategic Opp Fund	0.60%	71.91%	15.74%	2.64%	3.49%	0.00%
PTY	PIMCO Corporate & Income Opportunity Fund	14.75%	119.34%	26.39%	2.19%	-67.51%	-0.70%
PFL	PIMCO Income Strategy Fund	16.68%	108.14%	20.33%	3.53%	-55.43%	-0.30%
PFN	PIMCO Income Strategy Fund II	17.89%	103.06%	25.02%	3.78%	-56.97%	-0.30%
PDI	PIMCO Dynamic Income Fund	40.27%	67.38%	85.10%	0.62%	-102.62%	2.57%
HYG	iShares iBoxx $ High Yield Corp Bd ETF	0.00%	98.84%	0.00%	0.00%	1.16%	0.00%

我們可以看到，除了槓桿率較高外，PDI 投資組合中的
「Securitized」類別，比例明顯高於其他 CEF。所謂
「Securitized」，即 mREIT 慣常投資的那種房地產抵押貸款
證券（Mortgage Backed Securities，MBS），包括 Agency
MBS、Non-Agency MBS，或資產擔保證券（Asset-backed
securities）等等。

然後是稅率，大部分債券 CEF 都會先收足 30% 預繳稅，之後
IB 會在隔年退回一定比例的稅項，所以實質年回報率不是股
息率的 7 成，而是更高一些。以 IB 2020 年的退稅比率來估計，
減息後的三檔 CEF 股息率仍在 6.4% 之上。

減息的 CEF 不等於就是壞掉的 CEF，因為不同的 CEF 各有各
的特色，而我們很難去控制，這也是債券 CEF 的風險所在。

再說一次，愈遠離原始產品的投資物，不可知的風險愈高，這次減息帶來的影響，再次證明持有債券基金，並不等於持有債券。

加息週期的應對

說到加息與通膨，是近日市場的熱點。現時市場預期最快2022 年底就進入加息週期，不少人開始慌了，覺得債券大屠殺又要來了，是時候要拋售固定收益資產了。

筆者認為短期的較高通膨不可避免，疫情期間經濟活動實在被壓得太過分，一旦緩解，原材料與能源價格勢必大幅反彈，又怎可能沒有通膨呢？只是長期通膨是否也可以維持那麼高，又是另一回事了。

我們先弄明白一件事，直至 2021 年 11 月，美國聯準會才開始縮減買債，即縮減印鈔規模，預計到 2022 年 6 月完全停止印鈔，7 月開始加息。

加息說易不易，只是稍放風聲，已經能大大影響股市。雖然

近年來股市與經濟增長經常脫鉤，但聯準會仍不可能不理會股市影響而短期大幅加息。反過來說，適當的通膨與加息，其實並不是一件壞事，在經濟轉好的情況下緩慢加息，經濟仍會帶動股市向上，而公司債券（留意不是公債）的價格，大致是與股市成正比的。

加息直接影響到的，首先自然是美國公債，然後就是長年期的投資級別公司債，最後才是高收益債券。簡單來說，利率愈低、到期日愈長的債券，受加息的影響愈大。

市場利率對債券的影響，反映在債券存續期（Duration）上。我們可以利用「網上債券計算機」來計算債券存續期，例如很多投資人持有的 20 年長期公司債券 LUMN 7.65 Mar15'42，經過計算，以 2021 年 9 月 27 日市價 114 元買入的話，殖利率為 6.72%，存續期約為 11 年。

存續期 11 年的意思就是，當市場利率上升 1% 時，債券價格將下跌約 11%（反之亦然）。

Yield to Maturity (YTM) (%)	6.726796749449 15
Time Weighted Present Value of Coupon payments (A)	6.245483389550 069
Present Value of Maturity Amount (B)	4.830384252996 11
Duration(A+B)(in yrs.)	11.075867642546 179

Meaning that the price of the bond will decrease 11.075867642546179% for a corresponding 1% increase in yield (and vice versa)

現在，讓我們思考一下，這種超過二十年的長債，算是很受加息影響了吧。我們以最壞情況假設，2022 年第三季開始加息，每次加息 0.25%，到 2023 年中共加了四次，總共加了 1%，兩年後此債券存續期已縮至 10 年左右，理論價格就會跌 10%，但是，不要忘記投資人這兩年已收到 13% 利息。

何況，未來真正什麼時候加息？加多少息？都是不斷變化的事，沒有人能絕對肯定，而現金流的流入，卻是實實在在的。長年期高收益債券尚且如此，短年期的或高收益債券 CEF，更不用急著賣出吧。反而市場對加息的預期，才是令股市與

債市價格波動的主因。只不過市場的情緒時高時低、飄忽不定，基本上是神才預測得到的。

至於 2021 年中開始的高通膨，屬於輸入性通膨，主要來自能源危機和運費大幅上升，只要解決能源危機和運費問題，長期性高通膨和滯漲的機會就不會太高。而作為投資者，我們又該如何應對通膨及利率即將上升的環境？

首先，就是不要想太多！我們可以留意世界總體經濟變化，但其實不必太放在心上。這點筆者與一般教科書持相反態度。

諸如「論高通膨的風險和其影響」這類問題，更像國高中生經濟科作文或大學研究論文的題目。在資訊爆炸的時代，幾乎任何有關總體經濟的消息，大家都是同步取得，而大部分散戶無論知道或不知道，其實根本無能為力。太過在乎並預測經濟走勢，反而很容易鑽入牛角尖，也很容易想要去「Time the Market（擇時交易）」，而散戶 Time the Market 的結果往往是反向的。

預測市場，那是上帝在做的事。作為現金流投資者，要做的只是專注於自己的投資標的，尤其是現金流資產的基本面變化，同時居安思危，保持對市場的謙卑，當市場出現大波動或崩盤時，你才有撿便宜的機會。

在企業層面，通脹和利率上升的環境對高資本支出的公司相對不利。而有訂價能力、可將通脹轉嫁給下遊的企業會較為值得投資。

還有一點更重要，通脹之後一定伴隨著利率上升，槓桿的使用要比以前更保守一些。

加息與通膨壓力下如何調節資產配置？下列是筆者對於不同資產在通膨環境下的看法：

1. **傳統貨幣**：通膨環境下的最大受害者，包括與美元有負相關係數的歐元與日元。
2. **美國公債**：第二受害者，存續期愈長，利率敏感度愈高，價格愈有下跌壓力。

3. 高評等公司債券：第三受害者，存續期愈長，利率敏感度愈高，價格愈有下跌壓力。

4. 抗通膨債券：利率隨通膨上升，有利。

5. 房地產與 REITs：受益於通膨，有利。

6. 高收益公司債券：視乎存續期長短，存續期較短的債券利率敏感度較低，與股市的連動性較高，總體中性。

7. 黃金與貴金屬：沒有現金流，最多不受到通膨環境影響而損害價值，中性。

8. 原物料：原物料範圍很廣，包括石油、工業金屬、農產品等等，各有各的特性。其共同特性是波動大、以及有自己的價格週期。短期而言，原物料可能受惠於通膨環境，但中長期受太多因素影響（例如 ESG、科技進步、人口老化等等），個人不建議作中長期避險配置，總體中性。

9. 增長型股票：通膨環境影響了未來的現金流，相對不利。不過真正優質的增長股，會克服這點。

10. 收息型股票：例如公用事業類的收息型股票，利息受到通膨的侵蝕，相對不利。

11. 價值型股票：內在價值隨通膨有重新回歸的機會，如屬金融、消費必需品等行業則定價能力高，比較不受通膨環境

影響，相對有利。

12.虛擬貨幣：波動大，有自己的週期，價格以認受程度來定價，不隨通膨環境而升跌，中性。

因此，公司債券來說，受到加息預期最大影響的，是殖利率較接近公債的高評等遠期債券。中短期公司債券則與股市有更高的相關性。

債券衍生的 CEF 類資產也較為不利，因為很受到市場氣氛推動。雖然聯準會加息時候尚早，但市場的加息預期仍會不斷對其產生衝擊，造成較高的價格波幅。

不過，自 2020 年 3 月以後，固定收益投資市場中，CP 值高的標的愈來愈稀有，如果市場對加息預期反應過度，或真的開始進入加息週期，現金流投資人的投資機會反而會逐漸增多。

固定收益資產實戰技術

這一章進入技術篇，針對的是固定收益資產的財務分析技巧。前面的章節有講過，固定收益資產的投資，實質上比股票投資簡單得多了，在基本因素分析方面，尤其是債券，主要就是判斷公司在到期前，破產違約的機率有多大。因此在財報分析方面，債券投資人主要關注的是資產負債表（Balance Sheet），以反應公司的資產、負債還有股東權益結構。

至於股票投資所用到的的千奇百怪圖表與出入市訊號等技術指標，固定收益資產的投資人也可以不需要用到。他們要衡量的只是計算現金流的效率是否可以接受而已。

接下來，筆者就由淺至深，帶大家進入實戰中技術分析的層面。

盈透證券分類解說

所謂「工欲善其事，必先利其器」，懶系投資法講求的是多元現金流，債券只是其中一種工具，還有 ETD、Preferred Stock、REITs、Canada SSF、CEF、Options、BDC……再加上槓桿的應用。如果要達 15% 年回報又要維持低風險，極低息槓桿（低至年息 1%）是不可少的，其概念與股票 ETF 投資賺取價差很不同。以上種種，都不在台灣或香港的普遍知識範圍內，而是要直接連上國際，利用美國、加拿大、新加坡、英國等地好的現金流標的，最終達致世界布局。

再例如 1% 低息槓桿，本地根本很難找到，或有極高門檻。有「窮人私銀」之稱的美資盈透證券（IB），就成為最佳的選擇之一。IB 以單一的平台，可同時投資北美、歐洲、亞太區一百多個市場的股票、選擇權、期貨、權證、金屬、外匯、債券、結構性產品等，交易費用低廉外更提供低息的槓桿貸款利息。

從 2021 年 7 月 1 日起，IB 更正式取消了每月 10 美元的月費

（之前的要求是資產淨值達 10 萬美元才免），相信日後使用
IB 的投資人將愈來愈多。

不少讀者對於 IB 戶口是否屬於離岸戶口不大清楚，網路上亦
不時出現一些不盡不實、一知半解的言論，筆者嘗試在此對
於 IB 帳戶的分類釐清一下：

1. IB LLC：Interactive Brokers LLC（盈透證券有限公司）的
簡稱，總部在美國，帳戶歸屬於美國監管。帳戶內的所有
資產（不包括期貨與期貨選擇權）受美國證券投資人保護
公司（SIPC）最高 50 萬美元（現金額度 25 萬美元）的保護，
另有與倫敦勞埃德保險公司（Lloyd's of London）承銷商協
定的額外最高 3000 萬美元（現金額度 90 萬美元）保護，
總限額為一億五千萬美元。

IB LLC 的帳戶分為現金帳戶、Reg-T 槓桿帳戶與投資組合
槓桿帳戶三種，一般而言投資組合槓桿帳戶的可槓桿率比
Reg-T 高。只要 IB LLC 沒有在當地開設分公司（例如台灣、
澳門、中國、泰國等），當地稅務居民所開設的 IB 帳戶就

會直接歸屬於 IB LLC，所以 IB LLC 帳戶又被稱為「國際版」，對非美國居民來說，是真正的離岸戶口。

2. IB HK：Interactive Brokers Hong Kong Limited（盈透證券香港有限公司）的簡稱，是 IB LLC 在香港開設的分公司，受香港證券和期貨委員會（Hong Kong Securities and Futures Commission）監管。IB HK 帳戶的保障不由 SIPC 提供，而是由香港投資人賠償基金（ICF）提供，所以保障範圍僅限於在香港交易所交易的金融產品以及通過上海和深圳交易所交易的北向證券合約，賠償總額為 50 萬港元。

IB HK 帳戶分為現金帳戶與投資組合槓桿帳戶兩種，可投資的標的選擇與 IB LLC 大致一樣。雖然 IB HK 帳戶內的資產與 IB LLC 的資產放在一起（即不在香港境內），但不代表其是離岸戶口，因為 IB HK 公司仍在香港的金融體系內，香港執法機關有權凍結 IB HK 任何帳戶。而一旦帳戶被香港政府凍結，內裡的資產就算放在火星，也取不出來。所以，對開設 IB HK 的香港人來說，IB HK 充其量只算是「半離岸」戶口。

3. **IB UK、IB AU、IB Canada 等等**：IB LLC 在世界各地開設的分公司簡稱，包括英國、澳洲、加拿大、新加坡、印度、盧森堡、日本、愛爾蘭、匈牙利九個國家。這些國家的稅務居民開設的 IB 帳戶，受到所在國的監管機構監管，帳戶保障不一，可投資的標的選擇也有所限制，可投資範圍通常沒有 IB LLC 與 IB HK 那麼廣。這些戶口對於當地人來說，都不屬於離岸戶口。

4. **IB Lite**：一般的 IB 帳戶被稱為 IB Pro，IB Lite 可以看成是 IB Pro 的陽春版本，最大特色是免除了所有帳戶最低餘額、月費與美國交易所上市股票／ ETF 的交易佣金，代價是槓桿利息比 IB Pro 高得多。目前 IB Lite 只適用於美國人，非美國居民可以忽略。

IB Pro vs IB Lite 比較表：

如果大家仍不確定自己的 IB 戶口是哪一類，在帳戶管理內隨便產生一份報表，報表的標題就有顯示。

十秒完成財務分析

在《懶系投資：穩賺，慢贏、財務自由的終極之道》中，筆者闡述過懶系選債法的五大步驟：

步驟一：了解業務與背景

步驟二：檢查公司評級

步驟三：檢查股價與配息

步驟四：分析財務報表

步驟五：搜尋公司新聞

其中步驟四，分析財務報表，是最重要但也是最複雜的。論到財務分析，那可算是懶人大敵，大多數人對著厚厚一本公司財政年報或季報，看不到三分鐘就會昏昏欲睡。

當然，我們可以使用一些工具，去代替直接研究財務報表內的數字。在上一本書《懶系投資：穩賺，慢贏、財務自由的終極之道》中，筆者的建議是應用 Morningstar 網站去研究公司三大財務報表 Income Statement、Balance Sheet 與 Cash

Flow 的數字，自行計算其收入利潤比率、資產負債比率與自由現金流的分布及走勢等等，從而大致瞭解該公司大致的營運與財務狀況，再推斷其違約或倒閉的機率。

Morningstar 網站：

但即使如此，這步驟也是懶系投資中較繁複、較需要花時間去做的。而且，不同行業的特色都不同，我們還需要與同業比較。尤其是投資美國公司發行的債券時，大部分公司我們都不認識、不熟悉，更需小心研究其財務報表。

如果，這些苦差事已有人幫你做了，你只需拿取其結論呢？那就是十秒內完成的事。

確實有這樣的好事。這就是筆者最近常用的 Gurufocus 網站。

Gurufocus 網站：

GuruFocus 在 2004 年創立，主要理念是投資人若從著名權威

持有的股票中選擇投資標的，可減少犯錯的機率。「Guru」
這個字就是指「宗師」、「專家」、「權威」的意思，所以
這個網站的賣點，是提供名家、權威與投資機構的選股、投
資組合變化及其最近發表的言論。但這些名家追蹤功能大部
分都是要付費的，我喜歡的，是其免費、易懂、強大、經過
分析總結後的個股資料畫面。

下面以實例說明。

有一檔 PKOH 6.625 Apr15'27 Senior Unsecured 債券，票
息率 6.625%，發行公司是主營工業製造品的 Park-Ohio
Industries Inc.，公司的穆迪評級為頗為低下的 B2 級，展望
為 Stable。債券本身的評級更低，為 Caa1。此公司的素質真
的很差嗎？

相信讀者對這一家美國工業公司都不太了解，現在已完成懶
系選債法的步驟一（了解業務與背景）、步驟二（檢查公司
評級）及步驟三（檢查股價與配息），直接跳到步驟四（分
析財務報表），然後使用 Gurufocus 網站，代替以往使用的

Morningstar 網站。

進入 Gurufocus 網站，在「Search」列輸入要查詢的公司上
市編號「PKOH」。如果出現下拉選單，選擇「Summary」，
如下圖：

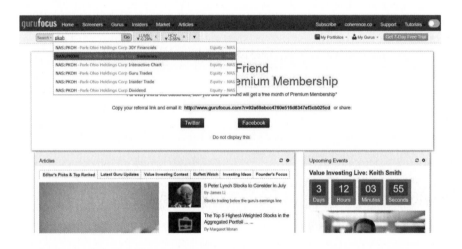

畫面出現了 PKOH 的財務與股價資料，林林總總，這還只是
資料總結，如果要再深入研究，還有 30-years Financials、
Interactive Chart、Dividend 等等頁面，一間公司應該可以用
三天三夜的時間去看。但作為懶系，筆者當然對繁多的數字
與頁面自動視而不見，只看以下六個指標：

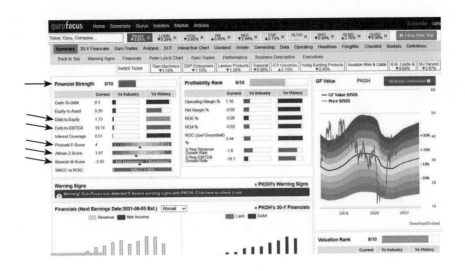

1.Financial Strength—最好大於 3。

2.Debt-to-Equity—不要過高。

3.Debt-to-EBITDA—不要過高。

4.Piotroski F-Score—不要過低，最好在 4 或以上。

5.Altman Z-Score—短債不要低於 1.81，長債不要低於 2.99。

6.Beneish M-Score—中間偏左，越左越好。

過高或過低的標準，應與同業（vs Industry）及歷史（vs History）相比。如果六大指標都合格，就可以較安心地購買該公司債券。如果有人懶到最高點，還是嫌太多指標要看，

那就只看第五個指標（Altman Z-Score）吧。

PKOH 公司各項指標基本合格，分析完成，十秒！

以下是六大指標的簡介：

1.Financial Strength：公司的財務實力總結。

2.Debt-to-Equity：債務與股東權益的比率，股東權益可視之為淨資產或股本，此指標代表了公司的財務槓桿程度。

3.Debt-to-EBITDA：EBITDA 是 Earnings Before Interest Taxes Depreciation Amorization 的縮寫，泛指毛利率。Debt-to-EBITA 即營業額債務與營業毛利的比率，亦代表了公司的還債能力。

4.Piotroski F-Score：以九項公司基本面指標計算出來的皮爾托斯基（Piotroski）分數，分數愈高代表公司潛力愈大，通常用來挑選潛力股。Piotroski 的計算比較複雜，有興趣

的讀者可自行詢問 Google 大師。

5.Altman Z-Score：用以衡量一個公司的財務健康狀況，並對公司在二年內破產的可能性進行診斷與預測。在定義上，分數低於 1.8 為破產區，1.8 至 2.99 為灰色區，高於 2.99 為安全區。不過，我的經驗是這分數很是嚴格，發行高收益債券的公司大部分都處於破產區（尤其是能源或船運公司，分數低得出奇），嚴格遵守大概就只能買投資級別債券了。

6.Beneish M-Score：公司操縱財務盈餘的可能性，換一句話說，就是財務狀況的真確性。

在 GuruFocus，並不是所有公司都有提供齊全的六大指標，投資人需自行斟酌。如想進一步瞭解公司財務狀況，GuruFocus 提供了直覺性的圖表資料，例如收入與純利比較、現金與負債比較、自由現金流分布等等，還可以選擇以年份或季度來觀察其趨勢。如下圖：

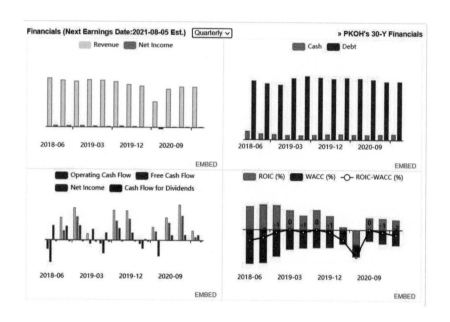

至於其他數據，包括盈利能力、財務比率、股利收益、估值、波動率等等，GuruFocus 也一應俱全，有興趣的投資人可再深入研究。

不過，Gurufocus 網站的指標有其侷限性，就是完全沒有考慮到公司的行業、地位與護城河等基本因素。例如，福特汽車（Ford Motor Co.）在 Gurufocus 網站的分數偏低，Altman Z-Score 進入了破產區，但如果考慮其市值、行業地位、護城河及新技術帶來的獲利能力，又完全是另一回事。因此，

Gurufocus 網站只能幫助投資人分析公司現行與歷史財政狀況，不可以代表選擇債券的全部過程。

十秒尋找公司債務高峰期

選定公司後，同一公司可能發行很多不同年期的債券，怎麼選擇呢？當然愈長期的債券，殖利率愈高，但盲目追求殖利率，很容易忽視風險。除非是極有信心的公司，否則在追求回報率外，我們還是要盡量降低債券到期前公司違約的機會。其中一個最直接的方法，就是尋找及避開該公司的到期還債高峰期。

首先，各公司的中長期負債到期償還的時序，筆者到現在還沒有看到有現成的網站可以總結出來，筆者自己也必須瀏覽公司的財務報表。一般美國公司的財務季報或月報，只提供當季債務的總數，並沒有債務的償還時序。因此，要尋找還債高峰期，只能在最近年度的年報（Annual Report）中找到。

很多人聽到年報就先害怕了，那些一大堆的英文字與數字，

怎麼可能消化得了？其實，如果有目的地尋找，加上一點點搜尋技巧，年報內的數字，一點也不難找到，最快也是十秒可以做完的事。

要調出美國公司的財務年報，有三種方法：

1. 進入公司的官網找，但有時年報在官網中的位置藏得很深，需要費一點時間尋找。

2. 直接詢問 Google 大神，例如在 Google 的搜尋欄中以關鍵字「公司名」＋「annual report 2020」去搜尋。這方法的缺點是有時會找出一大堆相近的結果，需要自己再辨認篩選。

3. 到美國證券交易委員會（United States Securities and Exchange Commission, SEC）的網站找，這是筆者最建議的方式。美國 SEC 類似香港的證監會或台灣的金管會，負責監管美國證券及期貨市場的運作，因此其網站有齊所有美國上市公司的年報、季報、通告與申報文件。換句話說，

所有美國上市公司的財務報表都可以在此統一找到。

我們現在就用 The GEO Group Inc（GEO）發行的債券為例。選用這家公司為例子，是因為這家公司有多檔不同年期的債券。2021 年 5 月標準普爾（S&P）評級機構曾因政治理由，將 GEO 的評級調降至 CCC＋（相當於穆迪的 CAA），一度令所有年期的債券價格大跌，卻也帶來了投資機會。

在 IB 的 TWS，我們可以找到 GEO 現時有三檔高級無抵押債券，分別在 2023、2024 及 2026 到期（另有一檔 2022 年到期的債券已被提前贖回）。只要我們查到 GEO 的還債高峰期，就會大概估計到不同年期債券的風險。

● 在 SEC 網站調出年報

要利用美國證券交易委員會（SEC）網站尋找 GEO 的年報，首先，進入 SEC 網站首頁：

美國證券交易委員會（SEC）網站：

然後，在上方主功能表中選擇「FILINGS」，再選擇「Company Filing Search」，如下圖：

在「Company and Person Lookup」欄位內，輸入公司編號或名稱一部份，即可在下拉選單中選到該公司。在這個例子中，筆者輸入「GEO」，然後點選「GEO GROUP INC（GEO）」：

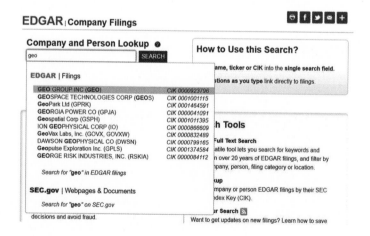

關於 GEO 公司的所有財務報表都會在此分門別類地表列出來。根據美國證券交易委員會的定義，10-K 報表指的是年報，10-Q 報表指的是季報，重大事件報告是 8-K。我們可以點選 2021 年 2 月 16 日釋出的 2020 年度財政報表——「10K：Annual report for year ending December 31, 2020」：

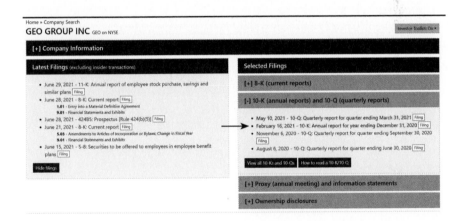

在 SEC 網站中，所有財務報表都被轉成了 HTML 格式，方便在瀏覽器中搜尋，年報顯示如下：

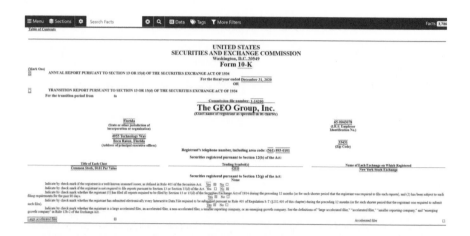

由於 SEC 的文件不是以 PDF 的形式下載，而是直接用 HTML
格式在瀏覽器內展示，我們使用 Chrome 觀看的話，如果英
文程度不夠，甚至可以直接翻譯成中文，相當方便。

● 在年報內搜尋還債時序

投資人可能第一感覺就是，年報動輒洋洋灑灑幾百頁，怎麼
去找公司償債期呢？

首先我們需要知道，通常一間公司的負債（Debt），債券只
是其中一種 Long-term Debt 的債務。除了債券外，公司負債

類型還有 Finance Lease Obligations、Non-Recourse Debt、Term Loan 等等，我們不能只看債券的還款期，還要連同其他債務的還款期限一齊看。這種債務償還時間表的資料，通常列於諸如「Debt Repayment」、「Obligations and Future Capital Requirements」、「Payment Due by Period」這種章節中，不同公司的字眼都有所不同。

有耐心的話，當然可以由頭到尾掃一次年報，一定可以找到。但如果沒有這個耐性，就用其中一檔債券的到期年份，例如「2023」作為關鍵字去尋找整份年報，很快就可以找到。例如 GEO 年報的債務到期資料就藏在「Debt Repayment」章節中：

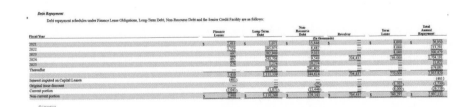

由上表，我們可以知道 GEO 的 2021 年到期債務相對很少，只有 2695 萬美元，2022 年與 2023 年的到期債務較多，分別

為 2 億 1329 萬美元及 3 億 48 萬美元。而還款高峰期在 2024 年，到期債務超過 17 億美元。

這是因為，2024 年 GEO 有一大筆循環信貸（Revolver）與定期貸款（Term Loan）到期。所以，2024 年或之後到期的 GEO 債券，風險相對較大。

對！找資料就是這麼簡單，是不是很容易？當然，有時間的話，還是建議掃一遍 GEO 年報，了解一下這家公司，反正已經調出來了嘛！

● 另一個例子

現在再用另一間公司 DISH Network Corp （DISH）來舉例。

以之前所述步驟，在 SEC 網站找到 DISH 後，點選 2021 年 2 月 22 日釋出的 2020 年度財政年報——「10K: Annual report for year ending December 31, 2020」：

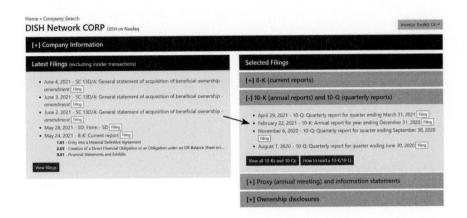

打開 DISH 年報，以「2022」或「2023」為關鍵詞搜尋債務
還款期資料，會找到「Payments due by period」資料：

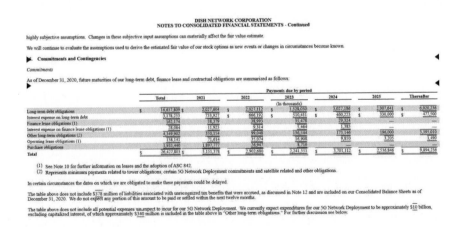

DISH 年報的表達方式與 GEO 不同，但也不難看出，DISH 的
每年到期債務的還款額較為平均，但 2021 年與 2024 年會多

一些。

查公司帳本── 保證債券到期不違約

這一節是進階篇，需要相當的搜尋與財務理解能力，但在財報分析中也算是偷懶的方法，遠未達到專業的地步。

當我們完成上一步，大致掌握公司債務未來數年的分布後，很多人心中還是沒底的，因為無論是公司護城河、評級、股價、配息、公司新聞、或是破產指標，都有相當程度的個人判斷因素。

其實要進一步保證所選擇的債券在到期前不違約，可以嘗試查查公司帳本，看看未來公司的現金流是否足夠應付債券到期時所需償還的債務。

基本上要保證債券到期時不違約，只要符合下列條件：

公司現金＋未來現金流入＋未來借貸 －未來償還債務＞ 0

有人立即發難：「這是廢話吧！單單是現金流入一項，不就是要知道未來公司營運狀況嗎？如果有能力準確預估得到，我幹嘛不去投資股票，爽爽賺差價賺增長？幹嘛還要苦哈哈地看你的書，收那每年幾％的利息？」

且莫翻桌，查帳本的正統方法可以很專業、很會計，但作為懶系支持者，我們不需要準確，只需要由過往幾年的財報資料，查幾個數字，大致估計其現金流的方向就夠了。現在就大致說說在財報中哪裡找這些資料。

● 查公司現金

這是最容易的，打開最新的年報或季報，在資產負債表（Balance Sheet）中，尋找一項「Cash and Cash Equivalents」，這就是公司現在手頭上的現金。記住，只有這一項才是真正可以用來還債的現金，其他的如 Inventories、Trade and Receivables、Property、Intangible Assets、Investments 等等，都不要當真。

● 查未來現金流入

這可以是最複雜的計算，也可以很簡單。一般估計公司營運狀況的做法，是研究綜合損益表（Income Statement）。但損益表只是代表公司帳上獲利，並不代表實際賺得的現金，例如有客戶先取貨後付現，帳上就有獲利但實際並沒有現金流入。而且損益表有許多複雜稅項，在會計上也有很多做手腳的地方，我們可以暫時忽略。

首先我們要瞭解，償還債務必須用現金來償還，債券違約的最大風險，並不是公司業務的好壞與前景，而是現金流斷裂而帶來的週轉性風險。因此，我們留意的，應該是現金流量表（Cash Flow）。

而現金流量表中，營運現金流（Cash Flow from Operating Activities, CFO）與投資現金流（Cash Flow from Investing Activities, CFI），分別代表公司經營業務與投資活動的現金流量。前者包括了應計收入、遞延收入、折舊與攤銷調整等等，相當複雜。後者更是因應年年不同的投資活動而變動，不

算有代表性。真正值得留意的，應是自由現金流（Free Cash Flow），這是公司真正的現金流量與收入，較難作假。

我們可以參考公司過去五年的自由現金流量，來預估債券到期前總共有多少現金流入或流出。如果過去五年的自由現金流量差別不大，我們可以取其平均值乘以債券年期，得出債券到期時的現金總流入／流出量。如果發現過去五年的自由現金流量有持續下跌的迹象，我們可能就要保守一點，以最後一年的自由現金流量再減一點，然後乘以債券年期。

● 查未來借貸

許多投資人會發現，許多美國公司債務都頗為沉重，如果純是靠營運帶來的現金流來償還債務，根本就不夠還債。如果我們只依靠公司眼下現金加未來現金流入量來計算還債能力，可能不會剩下什麼公司債券可以選擇了。因此，我們還需觀察現金流量表中的融資現金流（Cash Flow from Financing Activities, CFF），來預估未來的借貸現金流入。

許多美國公司年年的自由現金流均為負數，卻又不會倒閉，因為這些公司都以「新債還舊債」的方式來維持營運。不過，能夠持續新債還舊債，也要視乎公司的實力。舉凡護城河高的，例如 Ford Motor (F) 這種汽車企業；或營運資產大，例如 United States Steel (X) 這種鋼鐵製造廠；或擁有不少房地產，例如 Simon Property Group（SPG）這種 Reits，其實都是非投資級別的公司，但總是較容易持續獲得銀行借款或發行新債。

融資現金流包括發行新債務、發行新股權、支付債務、回購股票、支付股息等等。與自由現金流一樣，我們可以參考公司過去的融資現金流，來預估債券到期前總共可以借到多少現金。

不過，判斷融資現金流沒有一定準則，有點靠個人的判斷，是比較「藝術」的一件事（就是比較困難的意思啦）。有些人以為融資現金流正數就等於好，這是誤會：如果融資現金流量持續為正數，意味著流入公司的資金多於流出，雖然增加了公司的資產，但也代表公司不斷在借錢。若公司本身賺

取自由現金流的能力差、資產變現性又不強，卻還持續借新債還舊債，就要小心違約風險。

基本上我們可以觀察過去五年的融資現金流，如果有正有負，這是最好的情況，所謂「有借有還、再借不難」。然後再看看正流入的那幾年的平均流入金額，就大致瞭解到公司未來每年可借到的現金。

此外，許多公司也有一定額度的循環信用貸款（Revolving Credit Facilities）可以運用，此資料在公司季報或年報的「流動資金和資本資源」（Liquidity and Capital Resources）章節中可以找到。我們在估算公司未來借貸能力時，應該將這部分也計算進去。

● 查未來償還債務

這就是上一章節所分享的「十秒尋找公司債務高峰期」，如何從公司年報中，找出公司的債務狀況與每年還債金額。由於已有論述，不贅。

● 總結

找到與估算以上資料後，再套用公式「公司現金＋未來現金流入＋未來借貸－未來償還債務」，就可以判斷公司在未來的現金流量上有否違約的風險。

以上分享的查公司帳本方法，特別適用於想要投資風險性高，但回報也很高的垃圾債券。投資人投資垃圾債券，特別是 B 級以下的，很有一點火中取栗的感覺，這方法可讓你既取得高收益，又免於火的傷害。但是，這種方法也有其侷限性，通常公司財務報表只會列出五年內的每年償還債務金額，所以我們也只能大約估算五年期以內的短期債券違約風險，中長期債券就較難估算。此外，凡突發性、涉及大量資金的黑天鵝事件，例如訴訟事件，就不大可能用這方法估量得到的。

下一章節，筆者再用實際例子來作實戰解說。

查公司帳本──保證債券到期不違約（範例）

首先，我們需要知道在哪裡可以查到公司帳本，要尋找公司歷年財報的總結數字，可到以下網站之一：

● Morningstar 網站 https://www.morningstar.com

● Gurufocus 網站 https://www.gurufocus.com （筆者建議）

● Investing 網站 https://www.investing.com

如要尋找公司年報與季報，可用以下方法尋找：

● 公司官網

● Google 直接搜尋

● 美國證券交易委員會（SEC）網站 https://www.sec.gov

（筆者建議）

筆者還是用 The GEO Group Inc（GEO）發行的無抵押高級債券 GEO 5.125 Apr01'23 為例。此檔債券於 2023 年 4 月 1 日到期，票息率 5.125%，選擇這檔債券的理由，是因為此債券曾經發生典型的錯價。如果你掌握到筆者的方法，就可得到低風險、高回報的收益率。

GEO 屬房地產信託基金，主要就是做私人監獄的，其為美國、澳洲、南非、英國與加拿大政府提供外包服務，專門從事管理教養院、拘留所和管教機關，並提供社區服務和青年服務。公司員工人數超過 20000 人，是美國最大的私人監獄承包商之一（另一家公司是 CXW）。

由於 GEO 富爭議性的業務，為其價格帶來甚高的政治風險。2020 年 11 月美國聯邦機構不再延續其在北卡羅來納州的 Rivers 懲教所合同，令 GEO 5.125 Apr01'23 債券價格曾跌至 78 美元。2021 年拜登命令司法部不得與私人監獄續簽合同，標準普爾（S&P）評級機構將 GEO 評級調降至 CCC ＋（相當於穆迪的 CAA），令此債券再度大跌，兩次錯價都令債券的到期殖利率（YTM）升到 20% 以上。

我們就查一查公司帳本，看看 GEO 5.125 Apr01'23 在到期日前有否違約的風險。

● 查公司現金

在美國證券交易委員會（SEC）網站，搜尋到 GEO 公司，再點選最新的公司季報。在此例子中，我們可以點選 2021 年 5 月 10 日釋出的 2021 年度第一季財政報表 ──「10-Q: Quarterly report for quarter ending March 31, 2021」：

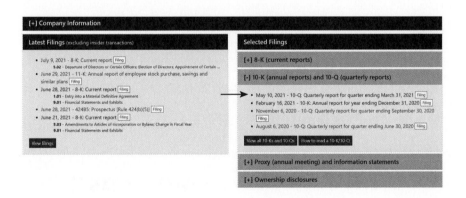

在季報的 Balance She 中，我們可以輕易找到最新的「Cash and Cash Equivalents」數字。根據資料，截至 2021 年第 1

季（統計至 2021 年 3 月 31 日），GEO 公司現金高達 2.89 億
美元。

當然，除使用 SEC 網站外， Morningstar 網站、Investing 網
站或公司官網中也可找到相同的資料。

●查未來現金流入

在現金流量表（Cash Flow）中，尋找過去幾年的自由現金流
（Free Cash Flow）。基於原始財報比較難找到自由現金流資
料，筆者會使用 Gurufocus 網站來查。

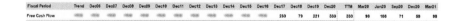

在自由現金流（Free Cash Flow）部份，GEO 由 2017 年至今
都是正數，2020 年更破紀錄地錄得 3.33 億的現金流入。基於
GEO 的政治風險，筆者以極保守的數字估計，2021 年至 2023

年每年的自由現金流入為 1.5 億，三年共產生 4.5 億美元的正現金流入。

● 查未來借貸

一樣使用 Gurufocus 網站，在現金流量表（Cash Flow）中，尋找最近幾年的融資現金流（Cash Flow from Financing Activities, CFF），來預估未來的借貸現金流入或流出。

Fiscal Period	Trend	Dec06	Dec07	Dec08	Dec09	Dec10	Dec11	Dec12	Dec13	Dec14	Dec15	Dec16	Dec17	Dec18	Dec19	Dec20	TTM	Mar20	Jun20	Sep20	Dec20	Mar21
Issuance of Stock													276	--	--	--	--	--	--	--	--	--
Repurchase of Stock													--	-95	--	-9	--	-9	--	-1	1	--
Issuance of Debt													1,571	503	842	961	1,105	96	130	86	649	240
Payments of Debt													-1,448	-301	-848	-830	-1,003	-127	-138	-119	-445	-300
Net Issuance of Debt													123	202	-6	131	101	-31	-9	-33	204	-60
Cash Flow for Divide...													-227	-229	-233	-216	-189	-58	-58	-58	-42	-30
Other Financing													-6	-2	-12	-2	-11	-2	-0	0	0	-11
Cash Flow from Fin...													**165**	**-125**	**-251**	**-97**	**-99**	**-100**	**-67**	**-92**	**162**	**-102**

我們可以看到，GEO 發債與贖回債券的金額差不多，近幾年並沒有增加太多負債。最大的支出是股息，因為其性質是房地產信託基金。在必要時候，GEO 也可以效法其同行 CXW，索性擺脫 Reits 的身分，以進一步降低槓桿——這對其股票投資人是噩耗，對債券投資人卻是好消息。

回到 GEO 的季報，我們可以在季報的「流動資金和資本資源」

（Liquidity and Capital Resources）章節中，知道 2022 年的債券到期償還額 1.94 億，已被新發行的 2026 年債券頂替，而公司在 2021 年 4 月 30 日及 2021 年 5 月 4 日提取了共 1.7 億的循環信用貸款（Revolving Credit Facilities）。

Liquidity and Capital Resources
Indebtedness

6.50% Exchangeable Senior Notes due 2026

On February 24, 2021, our wholly-owned subsidiary, GEO Corrections Holdings, Inc. ("GEOCH"), completed a private offering of $230 million aggregate principal amount of 6.50% exchangeable senior unsecured notes due 2026 (the "Convertible Notes"), which included the full exercise of the initial purchasers' over-allotment option to purchase an additional $30 million aggregate principal

40

Table of Contents

amount of Convertible Notes. The Convertible Notes will mature on February 23, 2026, unless earlier repurchased or exchanged. The Convertible Notes bear interest at the rate of 6.50% per year plus an additional amount based on the dividends paid by GEO on its common stock, $0.01 par value per share. Interest on the notes is payable semi-annually in arrears on March 1 and September 1 of each year, beginning on September 1, 2021.

Subject to certain restrictions on share ownership and transfer, holders may exchange the notes at their option prior to the close of business on the business day immediately preceding November 25, 2025, but only under the following circumstances: (1) during the five consecutive business day period after any five consecutive trading day period, or the measurement period, in which the trading price per $1,000 principal amount of notes for each trading day of such measurement period was less than 98% of the product of the last reported sale price of our common stock and the exchange rate for the notes on each such trading day; or (2) upon the occurrence of certain specified corporate events. On or after November 25, 2025, until the close of business in the second scheduled trading day immediately preceding the maturity date of the notes, holders may exchange their notes at any time, regardless of the foregoing circumstances. Upon exchange of a note, we will pay or deliver, as the case may be, cash or a combination of cash and shares of our common stock. As of March 31, 2021, conditions had not been met to convert.

Upon conversion, we will pay or deliver, as the case may be, cash or a combination of cash and shares of common stock. The initial conversion rate is 108.4015 shares of common stock per $1,000 principal amount of Convertible Notes (equivalent to an initial conversion price of approximately $9.225 per share of common stock). The conversion rate will be subject to adjustment in certain events. If GEO or GEOCH undergoes a fundamental change, holders may require GEOCH to purchase the notes in whole or in part for cash at a fundamental change purchase price equal to 100% of the principal amount of the notes to be purchased, plus accrued and unpaid interest, if any, to, but excluding, the fundamental change purchase date.

We used the net proceeds from this offering, including the exercise in full of the initial purchasers' over-allotment option to fund the redemption of the then outstanding amount of approximately $194.0 million of our existing 5.875% senior notes due 2022, to re-purchase additional senior notes and used remaining net proceeds to pay related transaction fees and expenses, and for general corporate purposes of the Company. As a result of the redemption, deferred loan costs in the amount of approximately $0.7 million were written off to loss on extinguishment of debt during the three months ended March 31, 2021.

The notes were offered in the United States only to persons reasonably believed to be "qualified institutional buyers" pursuant to Rule 144A under the Securities Act, and outside of the United States to non-U.S. persons in compliance with Regulation S under the Securities Act. Neither the notes nor any of the shares of the Company's common stock issuable upon exchange of the notes, if any, have been, or will be, registered under the Securities Act and, unless so registered, may not be offered or sold in the United States, except pursuant to an applicable exemption from the registration requirements under the Securities Act.

Credit Agreement

On June 12, 2019, we entered into Amendment No. 2 to the Third Amended and Restated Credit Agreement (the "Credit Agreement") by and among the refinancing lenders party thereto, the other lenders party thereto, GEO and GEO Corrections Holdings, Inc. and the administrative agent. Under the amendment, the maturity date of the revolver was extended to May 17, 2024. The borrowing capacity under the amended revolver remains at $900.0 million, and its pricing remains unchanged currently bearing interest at LIBOR plus 2.25%. As a result of the amendment, we incurred a loss on extinguishment of debt of $1.2 million during 2019 related to certain unamortized deferred loan costs. Additionally, loan costs of $4.7 million were incurred and capitalized in connection with this amendment.

A syndicate of approximately 65 lenders participate in our Credit Agreement, six of which have indicated that they do not intend to provide new financing to GEO but will honor their existing obligations. Refer to Item 1A - Risk Factors included in Part I of the Annual Report on Form 10-K for the year ended December 31, 2020 for further discussion. The banks that have withdrawn participation remain contractually committed for approximately four years. Additionally, these six banks represent less than 25% of our overall borrowing capacity under our Credit Agreement and the withdrawal of their participation is not expected to negatively impact our financial flexibility. We are also in frequent communication with potential new lenders as well as the credit rating agencies. In March 2021, Standard & Poor's S&P Global and Moody's Investors Service downgraded GEO's issuer corporate ratings to B and B2, respectively.

As of March 31, 2021, we had approximately $768.0 million in aggregate borrowings outstanding under our term loan, approximately $631.6 million in borrowings under our revolver, and approximately $59.4 million in letters of credit which left approximately $209.0 million in additional borrowing capacity under the Revolver. The weighted average interest rate on outstanding borrowings under the Credit Agreement as of March 31, 2021 was 2.57%.

On April 30, 2021 and May 4, 2021, we elected to draw down $20 million and $150 million, respectively in borrowings under its credit facility as a liquidity management strategy. In order to maintain maximum financial flexibility, we plan to maintain this liquidity on hand.

我假設 2021 至 2023 年 GEO 只有極少借貸，與回購股票、支付股息剛好對沖為零，即假設未來只有 1.7 億美元的借貸額度。

● 未來償還債務

之前章節談過，一般美國公司的財務季報或月報，只提供當季債務的總數，並沒有債務的償還時序。因此，要找出公司

的債務狀況與每年還債金額，只能在最近年度的年報（Annual Report）中找到。

利用 SEC 網站，找到 GEO 的 2020 年度報表：

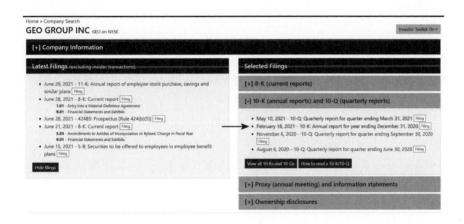

在 GEO 的 2020 年年報中，我們可以找到公司的每年償債量。

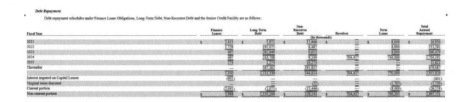

我們在查未來借貸時已知道，2022 年的債券到期償還額已被新發行的 2026 年債券頂替，換句話説，2021 至 2023 年

GEO 的債務總數只有約 3.46 億美元（26,950 ＋ 213,291 ＋ 300,479 － 195,075），已包括所有 Finance Leases、Long-term Debt、Non-recourse Debt、Revolver 與 Term Loans。

● 總結

根據上一章節所述，我們可以套用以下公式來判斷 2023 到期的 GEO 債券違約機會：

公司現金（2.89 億）＋未來現金流入（4.5 億）＋未來借貸（1.7 億）－未來償還債務（3.46 億）＞ 0

GEO 由 2021 年至 2023 年底的現金流量共 9.09 億美元，而至 2023 年底只需償還共 3.46 億美元債務，因此以 GEO 5.125 Apr01'23 這檔債券而言，是十分安全的。不過，2024 年 GEO 則有高達 17.04 億的債務到期，其中大部分是到期的循環貸款（Revoler）與定期貸款（Term Loan），面對不可知的政治風險，很考驗 GEO 以新融資償還舊債的能力，所以 2024 年或之後到期的 GEO 債券，違約風險不可忽視。

解析穆迪評級

一般在判斷公司與債券的質素時，評級機構的評級是主要參考準則，而評級的高低，又反過來影響公司融資的成本與難度。我們一般論及信用評級，多數指 Corporate Family Ratings（CFR）或 Senior Unsecured Bond 的評級，其實單是穆迪評級就有非常多方面，包括一般信用評級、特定行業信用評級、內部評級、保險評級、違約評估損失、市場風險評級、投機級流動性評級、銀行財務實力評級等等，對於不同行業、不同種類、不同投資／投機級別的評級方式又有所不同，項目之多之複雜，足以讓人精神錯亂。所以評核公司債券的信用評級，並沒有想像中容易，為簡化起見，之後我會以實例說明。

● 評級基本概念

讓我們先回到基本概念，所謂信用評等（Credit Rating），是指由專業信評機構，對國家、銀行、券商、基金、債券及上市公司進行信用評級，藉此評估其信用狀況或償債能力。

目前著名的國際信用評等機構有三家：穆迪投資人服務公司（Moody's Investors Service）、標準普爾（Standard & Poor's）與惠譽國際信用評等公司（Fitch Ratings）。

三大信用評等公司的信用等級對照表如下：

Moody's 穆迪		S&P標準普爾		Fitch惠譽		評等定義
長期債	短期債	長期債	短期債	長期債	短期債	
Aaa	P-1	AAA	A-1+	AAA	F1+	信譽極好，幾乎無風險
Aa1	P-1	AA+	A-1+	AA+	F1+	信譽優良，大致上無風險
Aa2	P-1	AA	A-1+	AA	F1+	
Aa3	P-1	AA-	A-1+	AA-	F1+	
A1	P-1	A+	A-1	A+	F1+	信譽較好，具備支付能力，風險較小
A2	P-1/P-2	A	A-1	A	F1	
A3	P-2	A-	A-2	A-	F1	
Baa1	P-2	BBB+	A-2	BBB+	F2	信譽一般，基本具備支付能力，稍有風險
Baa2	P-2/P-3	BBB	A-2/A-3	BBB	F2	
Baa3	P-3	BBB-	A-3	BBB-	F2/F3	
Ba1		BB+	B	BB+	F3	信譽欠佳，支付能力不穩定，有一定的風險
Ba2		BB	B	BB	B	
Ba3		BB-	B	BB-	B	
B1		B+	B	B+	B	信譽較差，近期內支付能力不穩定，有很大風險
B2		B	B	B	C	
B3		B-	B	B-	C	
Caa1		CCC+	C	CCC+	C	信譽很差，償債能力不可靠，可能違約
Caa2		CCC	C	CCC	C	
Caa3		CCC-	C	CCC-	C	
Ca		CC	C	CC	C	信譽太差，償還能力差
C		C	C	C	C	信譽極差，完全喪失支付能力

因為三間公司的信評等級互相對應，其實我們不需全部看，我自己就是以穆迪的信評為主。穆迪評級中，Baa3 級或以上的債券歸為投資級別債券，Ba1 級或以下的債券歸為高收益

債券（又稱為投機級別債券或垃圾債券）。

只看那些評等的定義，很難理解不同等級債券的風險程度，必須參考其歷年違約率。至於違約率怎麼看，在《懶系投資：穩賺，慢贏、財務自由的終極之道》一書中有教過，這裡先不贅述。

一般人使用的盈透證券（IB）的交易者工作站（Trade Workstation System, TWS）時，如要顯示債券的評級，需要付月費 3 美金，而通過穆迪網站（或 S&P），我們就可以免費查閱公司或債券評級。一向以來，筆者都認為評級機構的評等只供參考，不一定表示該公司的質素。例如 Tesla 2025 年到期的高級無抵押債券的評級只有 B3，根據評等的定義，B3 屬於「信譽較差，近期內支付能力不穩定，有很大風險」，與「可能違約」的 Caa1 只差一級，但相信現在沒什麼人會認為 Tesla 的短期債券「信譽較差，有很大風險吧」？

不過，這絕不表示評級沒有用，而是評級機構更著重於公司財務上的穩健程度。一般散戶習慣投資股票，往往將注意力

放在公司的增長與商譽上，容易忽略公司的基礎財政狀況，這方面評級機構一定比一般人專業。

此外，評級機構將一間公司升級或降級，反過來又影響了該公司的融資能力，而融資能力是公司的現金流的決定因素。大部分公司倒閉的真正原因，不是業務不濟，而是現金流斷裂，所以評級機構的影響力是不可忽視的。

● 實例分析

雖然筆者有訂閱 IB 的債券評級，但評核債券時，我還是會到穆迪網站。穆迪網站提供了不少評級相關的資料，比評級本身更加有用。接下來，筆者將以剛改名的美國電信公司 Lumen Technologies, Inc.（CTL）以例，來做一點說明。選擇這間公司來做示範，是因為這間公司較為複雜，資料也就較為齊全。

穆迪網站：

我們首先進入穆迪網站，並點選右上角的「Login」，進行登

入。還未成為會員的，在登入畫面需先進行會員登記。沒有
成為會員，什麼也做不到（幸好會員登記是免費的）。

登入後，我們在上方的搜尋欄輸入公司的上市編號或公司名稱
的一部份，網站就會出現合條件的公司讓我們選擇。在這裡，
我輸入「CTL」，就出現了「Lumen Technologies, Inc.」公司。

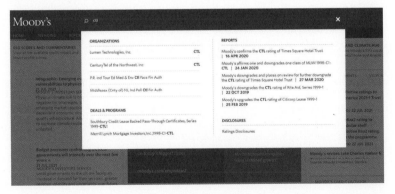

（註：其實 Lumen Technologies, Inc. 的上市編號已改為 LUMN，只是穆迪網站尚
未更新——我們在網上搜尋資料時，靈活變動的能力很重要，假如以上市編號找
不到該公司，就嘗試以公司名稱來找。）

然後，我們就可以在右邊看到 LUMN 的評級資料，包括「LONG TERM RATING」、「SHORT TERM RATING」、「OUTLOOK」三項。

● 長期評級（**LONG TERM RATING**）

LONG TERM RATING 就是我們所說的長期評級，LUMN 的評級為 Ba3。留意評級類別註明為「LT Corporate Family Ratings」，意思即該評級是給 Corporate Family Ratings（CFR），而不是給個別債券的。

CFR，企業家庭評級，即對 LUMN 整個企業集團的履行財務義務能力的評級，包括了其子公司。我們可以看成是公司集

團本身的綜合評級。

這很易理解，在看個別債券的評級之前，我們當然更注重發行公司本身的評級。但有趣的是，CFR 通常只適用於非投資級別公司，投資級公司並不應用（也有少數應用的啦）。如果我們查詢投資級別公司，此評級的類別通常註明為「Senior Unsecured」，即以高級無抵押債券的評級，代表了公司本身的綜合評級。不信的話，試試在穆迪網站內查詢 AAPL、DIS、WU 或 HPQ 的評級。

也就是說，在穆迪評級制度內，投機級別公司，才有公司本身的評級；而大多數投資級別公司並沒有公司本身評級，而是以其高級無抵押債券的評級為代表。這不大合理，起碼 S&P 標準普爾就不是如此。

● 短期評級（SHORT TERM RATING）

我們再看看 SHORT TERM RATING，這裡指的是穆迪對公司兌現短期金融債務能力的評級。

短期評級的標準，投資級別公司與投機級別公司再度分道揚鑣，分別應用了兩套不同的評級系統。

投資級別公司的短期債務評級，稱為 Prime，分為 P-1（出色的短期還款能力）、P-2（強大的短期償還能力）、P-3（可接受的短期還款能力）及 NP（無法評級）四級。其短期評級通常是根據其長期評級得出的，如下所示：

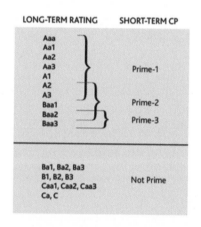

至於 Ba1 或以下的投機級別公司，就沒有 Prime 評級，取而代之的，是稱為 Speculative Grade Liquidity Rating（SGL）的投機級流動性評級制度。SGL 是對非投資級別公司產生現金的能力的看法，包括未來 12 個月的內部財政資源與外部可

供融資的資金流動性。分為四個級別：

✓**SGL-1 評級**：具有很好的流動性。最有可能通過內部資源履行未來 12 個月的債務義務，而無需依賴包括融資在內的外部資源。

✓**SGL-2 評級**：具有良好的流動性。可能通過內部資源來履行未來 12 個月的債務義務，但亦可能會依賴外部融資。

✓**SGL-3 評級**：具有足夠的流動性。預計他們將依賴外部的融資，評估下只有適度的緩衝，並且可能要求解除契約以保持有序地獲得資金支持。

✓**SGL-4 評級**：流動性較弱。他們依靠外部資金來源，穆迪認為該融資的可用性非常不確定。

總而言之，投資級別的公司，其 Prime 的短期評級是基於其長期評級，沒什麼意思，我們不如直接看長期評級就可以了。非投資級別公司的評級，則是基於其未來十二個月的資金流

動性，較為有用。

在 LUMN 的例子中，LUMN 的短期評級是 SGL-2，表示其未來 12 個月具有良好的流動性。

● 評級展望（OUTLOOK）

評級展望是穆迪對公司中期的預期評級方向，分為正面（Positive）、穩定（Stable）、負面（Negative）及發展中（Dev.）四類。

展望較好的情況是 Positive 與 Stable，代表中期內穆迪可能考慮將其升級，或起碼維持評級，對公司是利好的因素。

展望是 Negative 的話，穆迪有可能在未來的日子考慮降級。但是否短期內發生，則視乎該公司的評級是否在穆迪的監視清單（Watch List）內。因此，無論長期評級或短期評級的 Rating 旁邊，我們總會見到「Not on Watch」或「On Watch」字樣。

如果見到評級旁註明的是「On Watch」，就需特別留意，這表示穆迪正在進行評估，短期內該評級很可能會被升級（Upgrade）或降級（Downgrade），也有很罕見的方向不確定（UNC）。

● 公司研究報告

在主頁左方的主選單，我們選取「Report」，就可以看到依時間排列的有關 LUMN 公司的所有研究報告，亦可以報告種類篩選。研究報告分為四類：

1.Rating & Assessments Reports—評級與評估報告
2.Issuer Reports—公司研究報告
3.Sector Reports—行業研究報告
4.Methodologies & Frameworks—研究方法與框架資訊。

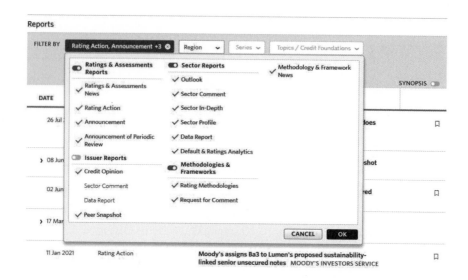

作為免費會員，超過一半研究報告都上了鎖，但其他免費開放的研究報告也很足夠了。四類報告中以 Rating & Assessments Reports 最為有用，因為關於公司所有的評級變化與審查重點會放在這裡，而且這類型的報告大部分開放給免費會員。以下是 LUMN 最新的 Rating & Assessments Reports：

Reports

FILTER BY | Ratings & Assessments Reports ✕ | Region ⌄ | Series ⌄ | Topics / Credit Foundations ⌄

Date Range ⌄

SYNOPSIS ⬤

DATE	TYPE	TITLE | 97 DOCUMENTS	
26 Jul 2021	Announcement	Moody's says Lumen's sale of Latin American business does not impact rating or stable outlook MOODY'S INVESTORS SERVICE	🔖
02 Jun 2021	Rating Action	Moody's assigns B2 to Lumen's proposed senior unsecured notes MOODY'S INVESTORS SERVICE	🔖
11 Jan 2021	Rating Action	Moody's assigns Ba3 to Lumen's proposed sustainability-linked senior unsecured notes MOODY'S INVESTORS SERVICE	🔖
23 Nov 2020	Rating Action	Moody's assigns B2 to Lumen's proposed senior unsecured notes MOODY'S INVESTORS SERVICE	🔖
28 Sep 2020	Announcement of Periodic Review	Moody's announces completion of a periodic review of ratings of Lumen Technologies, Inc. MOODY'S INVESTORS SERVICE	🔖
07 Aug 2020	Rating Action	Moody's assigns Ba3 to CenturyLink's proposed senior unsecured notes MOODY'S INVESTORS SERVICE	🔖
10 Jun 2020	Rating Action	Moody's assigns Ba3 to CenturyLink's proposed senior unsecured notes MOODY'S INVESTORS SERVICE	🔖
16 Jan 2020	Rating Action	Moody's assigns Ba3 to CenturyLink's proposed senior secured notes MOODY'S INVESTORS SERVICE	🔖

在這個例子中，我們可以點選最新的「Moody's announces completion of a periodic review of ratings of Lumen Technologies, Inc.」觀看。顧名思義，這是一份最新的定期評級檢討報告。

這份評級檢討報告的重點如下：

「Lumen 的信用狀況反映了其從 2019 年減少股息，可擴展

的營運基礎和穩固的市場地位，並可預見進一步增強的現金流量。該公司公開聲明的財務政策側重於長期實現公司計算的淨債務，調整後的 EBITDA 範圍在 2.75 倍至 3.25 倍之間，並且至少在未來兩年內穩步減少債務，並擁有可自由支配的自由現金流。此外，Lumen 持續穩定的網路投資一直在總體上保持高於同行平均水平的水平，這表明了 Lumen 競爭的能力。這些積極因素有利於面對長期行業挑戰和高度競爭的營運環境，但各業務部門的槓桿率仍高、收入仍弱，雖已在不斷改善中。

在 2017 年 11 月收購 Level 3 之後，Lumen 展示了強勁的成本削減成效，比最初的計劃目標快，大大抵消了收入疲軟對營業利潤率的影響。Lumen 公司計算的 2020 年第二季度調整後 EBITDA 利潤率為 41.9％，比 2017 年第三季度收盤前的 35.5％上升了近 650 個基點。穆迪預計 Lumen 在未來 12 個月內將擁有良好的流動性，預計 2020 年的除息後現金流為 21 億美元。穆迪預計 EBITDA 利潤率將繼續逐年增長，同時 2019 年除息後的自由現金流也會增加，現在，LUMN 處於有利位置，可以在 2022 年底之前每年償還約 20 億美元的債務。

截至 2020 年 6 月 30 日，LUMN 的槓桿率約為 4.1✕倍。」

筆者知道，對大部分人來說，這種所謂報告又長又悶，最適合失眠時觀看。不過這些資料對我們瞭解 LUMN 的還債能力，其實有很大參考作用。

● 評級類別與詳情

評級類別與詳情是重點，隱藏在主選單的「Ratings & Assessments」—「View by Class」之下：

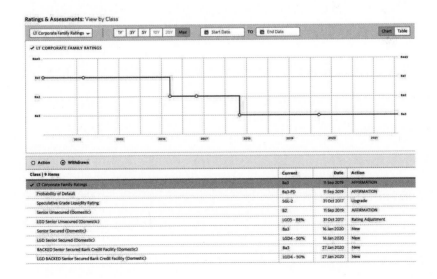

公司內不同類型負債的評級與歷史在這裡顯示，再配以圖型表現其變動。在這個例子中，我們可以看到 LUMN 不同方面的評級，包括：

✓**LT Corporate Family Ratings**——集團總體評級，LUMN 的集團總評級為「Ba3」，在 2019 年 9 月 11 日確認。

✓**Probability of Default (PDR)**——即違約概率，LUMN 的 PDR 為「Ba3-PD」。PDR 通常與集團總體評級相配。如果集團有違約狀況，則會加上「D」或「LD」，例如「Caa-PD / LD」。

✓**Speculative Grade Liquidity Rating (SGL)**——即投機級流動性評級，LUMN 的 SGL 評級為「SGL-2」，表示具有良好的流動性。

✓**Senior Unsecured (Domestic)**——高級無抵押債券的評級。LUMN 的高級無抵押債券評級為「B2」，通常這種債券的評級會比集團本身的評級低一至兩級。

✓**LGD Senior Unsecured (Domestic)**—— 高級無抵押債券的違約損失率（LGD），LUMN 的這類債券 LGD 評級為「LGD5-88%」，即公司宣告無法償債後，這種債券在公司清盤後的預估損失為票面價值的 88%。

✓**Senior Secured (Domestic)**—— 高級有抵押債券評級的評級，LUMN 的這類債券評級為「Ba3」。

✓**LGD Senior secured (Domestic)**—— 高級有抵押債券的違約損失率（LGD），LUMN 的這類債券 LGD 評級為「LGD4-50%」，即公司宣告無法償債後，這種債券在公司清盤後的預估損失為票面價值的 50%。

✓**BACKED Senior Secured Bank Credit Facility (Domestic)**—— 高級有擔保銀行信貸融資的評級，LUMN 的這類融資評級為「Ba3」。

✓**LGD BACKED Senior Secured Bank Credit Facility (Domestic)**—— 高級有擔保銀行信貸融資的違約損失率

（LGD），LUMN 的這類融資 LGD 評級為「LGD4-50%」，即公司宣告無法償債後，這種貸款在公司清盤後的預估損失為票面價值的 50%。

上述評級中提及的 Loss Given Default (LGD)，是公司宣告無法償債後，貸款、債券或優先股在公司清盤後的預估損失百份比。LGD 共分為六個等級，等級愈高，預估損失百分比愈高，如下所示：

LGD Assessment Scale	
Assessments	Loss range
LGD1	≥ 0% and < 10%
LGD2	≥ 10% and < 30%
LGD3	≥ 30% and < 50%
LGD4	≥ 50% and < 70%
LGD5	≥ 70% and < 90%
LGD6	≥ 90% and ≤ 100%

● 債務清單（Debt List）

債務清單（Debt List）藏在主選單的「Ratings & Assessments」—

「View by Debt」之下，列出了公司現時所有債務的詳情，包括每一債務的CUSIP編碼、類別、票息率、到期日、現時評級、發行貨幣等等。

Ratings & Assessments: View by Debt											
CLASS 9 Selected ⌄	☐ Include Withdrawn										
Debt ID | 37 items	Class	Description	Current	Date	Action	Coupon	Maturity	Currency	Seniority	EU En
MDY:823354571	LT Corporate Family Ratings	Corporate Family Rating	Ba3	11 Sep 2019	AFFIRMATION	--	--	--	Not Applicable	EU En
MDY:823354572	Probability of Default	Probability of Default Rating	Ba3-PD	11 Sep 2019	AFFIRMATION	--	--	--	Not Applicable	EU En
MDY:823354573	Speculative Grade Liquidity Rating	Speculative Grade Liquidity Rating	SGL-2	31 Oct 2017	Upgrade	--	--	--	Not Applicable	EU En
CUS:550241AA1	Senior Unsecured (Domestic)	SR GLOBAL NOTES	B2	02 Jun 2021	New	5.375	15 Jun 2029	USD	Senior Unsecured	EU En
CUS:156700BD7	Senior Unsecured (Domestic)	SR GLOBAL NOTES	B2	23 Nov 2020	New	4.5	15 Jan 2029	USD	Senior Unsecured	EU En
CUS:156700BB1	Senior Unsecured (Domestic)	GLOBAL NOTES	B2	09 Dec 2019	New	5.125	15 Dec 2026	USD	Senior Unsecured	EU En
CUS:156700AZ9	Senior Unsecured (Domestic)	GLOBAL NOTES	B2	11 Sep 2019	AFFIRMATION	5.625	01 Apr 2025	USD	Senior Unsecured	EU En
CUS:156700AM8	Senior Unsecured (Domestic)	SR NOTES	B2	11 Sep 2019	AFFIRMATION	7.6	15 Sep 2039	USD	Senior Unsecured	EU En
CUS:156700AS5	Senior Unsecured (Domestic)	SR GLOBAL NOTES	B2	11 Sep 2019	AFFIRMATION	5.8	15 Mar 2022	USD	Senior Unsecured	EU En
CUS:156700AX4	Senior Unsecured (Domestic)	SR GLOBAL NOTES	B2	11 Sep 2019	AFFIRMATION	6.75	01 Dec 2023	USD	Senior Unsecured	EU En
CUS:156686AM9	Senior Unsecured (Domestic)	SR DEBENTURES	B2	11 Sep 2019	AFFIRMATION	6.875	15 Jan 2028	USD	Senior Unsecured	EU En
MDY:822644241	Senior Unsecured (Domestic)	SR NOTES	B2	11 Sep 2019	AFFIRMATION	7.6	15 Sep 2039	USD	Senior Unsecured	EU En
CUS:156686AJ6	Senior Unsecured (Domestic)	SR NOTES	B2	11 Sep 2019	AFFIRMATION	7.2	01 Dec 2025	USD	Senior Unsecured	EU En

不時都有網友詢問筆者為何找不到某某債券的資料，事實上無論 FINRA 網站或 IB 平台，都不一定包括所有已發行債券，所以找不到某債券一點也不奇怪。反而在這裡，可以找到公司現時所有未到期的債券、ETD 與優先股資料，但前提是該公司有參加穆迪評級。

● 發行人展望（**Issuer Outlook**）

發行人展望（Issuer Outlook）藏在主選單的「Ratings & Assessments」—「Issuer Outlook」之下，即公司評級的未來展望及其歷史，展望通常分為 Positive、Stable、Negative 與 Ratings Under Review 幾類。

Ratings & Assessments: Issuer Outlook

Date	13 Items	Outlook
11 Sep 2019	Stable
31 Oct 2017	Negative
31 Oct 2016	Ratings Under Review
15 Mar 2016	Stable
24 Feb 2014	Negative
14 Mar 2013	Stable
13 Feb 2013	Ratings Under Review
27 Apr 2011	Negative
01 Apr 2011	Stable
22 Apr 2010	Negative
30 Jun 2009	Stable
24 Jun 2008	Ratings Under Review
15 Nov 2003	Stable

● 組織架構

公司的組織架構藏在主選單的「Ratings & Assessments」—「Organzation List」之下，詳列了集團內的各公司名稱及架

構。如子公司有獨立的穆迪評級，亦會顯示出來。

● 評級結語

穆迪網站內還有其他資料，讀者可以自己去看，這裡就不一一詳述了。

Ratings & Assessments: Organization List

Parent/Subsidiary	56 Items	Domicile	Long Term Rating	Long Term Rating Type
Lumen Technologies, Inc.	UNITED STATES	Ba3, Not on Watch	LT Corporate Family Ratings
CenturyTel of the Northwest, Inc.	UNITED STATES	--	--
Alascom Inc.	UNITED STATES	--	--
Rca Alaska Communications Inc	UNITED STATES	--	--
Embarq Corporation	UNITED STATES	Ba2, Not on Watch	Senior Unsecured - Dom Curr
Carolina Telephone & Telegraph Company	UNITED STATES	--	--
Centel Corporation	UNITED STATES	--	--
Centel Capital Corp.	UNITED STATES	--	--
Central Telephone Co.	UNITED STATES	--	--
Central Tel of Florida	UNITED STATES	--	--
Central Tel of Illinois	UNITED STATES	--	--
Central Telephone of Virginia	UNITED STATES	--	--
Central Telephone-Nv	UNITED STATES	--	--
Embarq Florida, Inc.	UNITED STATES	Baa3, Not on Watch	First Mortgage Bonds - Dom Curr
Florida Telephone Corp.	UNITED STATES	--	--
Winter Park Telephone Co	UNITED STATES	--	--
United Inter-Mountain Tel Co	UNITED STATES	--	--
United Telecommunications Inc.	UNITED STATES	--	--
United Telephone Co. of Indiana	UNITED STATES	--	--
United Telephone Co. of Ohio	UNITED STATES	--	--
United Telephone Co. of Pennsylvania	UNITED STATES	--	--
Level 3 Parent, LLC	UNITED STATES	--	--

不是所有公司都可以在評級網站內找得到。有兩種公司可以得到評級，一種是夠大夠影響力，令評級機構主動為其評級；另一種是每年付錢給評級機構為其評級，以吸引投資人。由於評級機構收取的評級費用頗為高昂，所以除非有集資的需要，許多公司都選擇不參與評級。沒有參與評級的公司，並

不代表素質不好。

有些公司參與評級一段時間後又退出了，其評級會是「Ratings Withdrawn」。而已申請破產保護的公司，通常也會退出評級。

一般在檢查債券評級時，多數人只約略看一下公司或債券的總體評級就算。通過這次介紹，筆者希望讀者知道其實在評級網站內，有更多相關的資料，可能比評級本身更為有用。就算暫時用不上，知道一下總是好的。知道多一些，你的投資能力就比別人高一點。投資能力愈高，可承受的風險能力也就愈高，選擇也會愈多，回報當然可以愈高。

CHAPTER

5

進階工具

在上一本書，筆者介紹了公司債券（直債）、交易所交易債券（ETD）、優先股（Preferred Stock）、房地產信託基金（REITs）、商業信託基金（Business Trust）、封閉式高收益債券基金、封閉式市政債券基金、股票選擇權、商業發展公司（BDC）等幾種現金流工具。事實上，現金流工具遠不及此，除了更常見的債券 ETF、高息公用股這些外，還有一些較少投資人知道的，也各有特色。這篇延續前書，繼續介紹其中幾種現金流工具。

Master Limited Partnerships（MLPs）企業

在美股的公司中，尤其是航運類企業，我們經常可以見到不少公司名稱都以「Partners LP」為結尾，這種公司與一般股份公司不同，是一種特別的企業架構，稱為 Master Limited Partnerships（MLPs）。這類型公司的配息建立在較穩定的

現金流資產上，與 REITs、BT 有相似之處，所以也是許多現金流投資人的選擇。

● 什麼是 MLPs？

Master Limited Partnerships 直譯為業主有限合夥，主要建立在有限合夥（Limited Partnership）的基礎上。根據美國法規，有限合夥的企業，必須由普通合夥人（General Partner, GP）與有限合夥人（Limited Partners, LPs）所組成。

普通合夥人，擁有至少 2% 的股權，通常就是設立 MLPs 的公司。例如 Teekay LNG Partners LP（TGP）由 Teekay Corp（TK）成立，TK 是 TGP 的普通合夥人；GasLog Partners LP（GLOP）由 GasLog Ltd（GLOG）組建，GLOG 是 GLOG 的普通合夥人；Hoegh LNG Partners LP（HMLP）由 Hoegh LNG Holdings Ltd（HLNG）設立，HLNG 是 HMLP 的普通合夥人⋯⋯

普通合夥人負責控制資產並管理 MLPs 的日常營運業務，具

有公司經營與控制權——一般投資人將普通合夥人當成 MLPs 的母公司，但事實上，此母公司同時擔任普通合夥人、發起人與管理人的角色。

有限合夥人，就是公開投資人。與股份公司不同，一般股份公司，投資人持有的是股份（Equity Shares），採用 MLPs 形態上市的企業，投資人持有的則是合夥人單位（Partnership Units）。

簡單來說，MLPs 企業的有限合夥人，相當於股份公司的普通股股東，負責提供資金並收取業務現金流的配息，但沒有投票權。

● 為何要成立 MLPs

其實主要是稅務上的考慮。在美國，一般股份公司的股息都有兩重繳稅，一重是在公司層級繳稅，另一重是當公司派發股息後，投資人又有個人所得稅（非美國稅務居民則是 30% 的股息稅）的稅項。

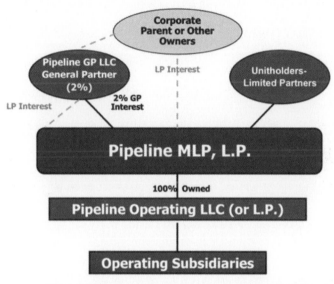

Source: © 2013 National Association of Publically Traded Partnerships

而 MLPs 架構的企業，並沒有公司層級的課稅，只有個人層面的課稅。

換句話說，MLPs 企業可以將其所有收入扣除扣減項目（例如攤銷與折舊費用）後，直接以股利方式派發給有限合夥人（投資人），投資人則依照自己的情況繳納所得稅或股息稅，因此 MLPs 避免了雙重課稅。

有投資人會說：「公司層級的課稅，又不用我出錢，我還是要繳稅，關我什麼事？」

不是的，因為免除了公司的稅務，MLPs 企業的稅務負擔相對於一般股份公司輕，使 MLPs 公司有更多的盈餘可以分配給投資人，這也使 MLPs 企業的配息往往高於一般企業的股利配息——這也是 MLPs 相關的普通股、優先股、ETF 收益率相對於其他收息股票型資產高的原因。

因此，MLPs 公司經常與房地產投資信託（REITs）、商業信託基金（Business Trust）、商業發展公司（Business Development Company, BDC）相提並論，同屬高收益資產之選。在低利率環境下，其高現金股息率甚有其吸引之處。

● MLPs 的種類

由於美國聯邦政府擔心稅收的減少，所以在 1986 年對稅法進行全面修訂時，國會將 MLPs 資格只限制在能源和房地產產業。

根據美國法規，只有當企業超過 90% 的收益來自配息、股息、不動產租賃與販售所得、原物料與原物料期貨相關所得與獲利、或開採礦物等自然資源的獲利，這種企業才可以採用 MLPs 企業組織架構。

現時美國採用 MLPs 架構成立的企業，沒有什麼房地產業者，大多數都是能源的運輸及中間儲存業者。例如之前提到的原油運輸，還有天然氣管線、能源的倉儲等等，這些中游行業在能源產業中是較為穩定的業務，但與能源價格也是息息相關。

● MLPs 公司的具體運作

MLPs 是這樣開始的：某大型能源業者 ABC Ltd 擁有大量中游天然氣管線的資產，於是在某年設立了 MLPs 公司，稱為 ABC Partners LP。ABC Partners LP 通過上市與發行債券，向市場上的投資人籌集股本與債務資本，然後再拿這些資金購買 ABC Ltd 的中游天然氣管線資產。

通過這種操作，ABC Ltd 將獲得現金、債務轉移或是該公司新發行的股票，收回了當初建設這些資產的成本，ABC Partners LP 則獲得了有穩定現金流的資產。

ABC Partners LP 將與 ABC Ltd 簽署長期合同，後者同時擔任普通合夥人與管理人的角色，為前者營運中游天然氣管線。每年的收入在扣除扣減項目後，會以股利方式派發給普通合夥人（ABC Ltd）與有限合夥人（投資人）。

● MLPs 的選擇

現時美股共有近 70 檔上市的 MLPs 公司，股息率很參差，由 0% 至 142.96% 不等，平均在 7% 以上，其中大部分都屬能源中游企業。

美股 MLPs 清單傳送門：

如果不想選股，可以考慮 MLPs 的 ETF 或 ETN，有 14 檔，選擇也不少。ETF 與 ETN 的股息率由 4.84% 至 10.48% 不等，

其中歷史較長遠及市值較高的 ETF 包括 Alerian MLP ETF（AMLP）、Global X MLP ETF（MLPA）等等。

MLPs ETF & ETN 清單傳送門：

● MLPs 的風險

為了激勵普通合夥人提高經營效率與分紅，通常在合約內，MLPs 企業會賦予普通合夥人激勵分配權利（IDRs）。按照 IDRs 的規定，普通合夥人的分紅比例根據紅利由低至高逐級上調，最高可達 50%，也就是說，MLPs 的可供分配盈利（DCF，相當於經調整後的自由現金流），可能有多達一半流入普通合夥人的口袋。這種情況被稱為「高位分成」。

這就形成了對有限合夥人──MLPs 企業的小股東──不利之處，因為以 MLPs 這種高配息比率的公司來說，股息的增長與企業的業務增長，理論上應該是同步的。可是，隨著股息金額的不斷提高，普通合夥人的分紅比例也不斷提升，有限合夥人（投資人）的現金股利的增速，將因此低於 MLPs 企

業的整體業務增速。換句話說，IDRs 提高了 MLPs 企業的資金成本並限制了企業的長期增速。

受合約規定所限，MLPs 企業必須將大部分可支配的現金派發出去，平均而言 MLPs 企業將近花 92% 的現金流用於分紅，但這也使 MLPs 企業很難再在經營現金流上實現增長。

其實 Reits 類企業也面對同樣的增長問題，但 MLPs 企業與之不同的是，由於普通合夥人作為管理者，受到「不正當」的高分紅激勵，往往會為了提高分紅比例而追求增長，這就需要源源不斷的外部融資去投入更大的項目中——這就是為何很多 MLPs 企業負債明顯偏高的原因。而過度依賴負債，會使公司破產的風險提高。

● MLPs 總結

總體而言，中游 MLPs 企業擁有成熟的資產，只需要適量的維護資本，就能產生穩定的現金流。一些投資人把 MLPs 企業當作債券的替代者，認為它能產生高收益，並期望能平穩

增長。而這類公司的股息率看上去十分有吸引力，價格也很合適。

MLPs 的風險，源於其企業的特殊架構，普通合夥人雖然只有 2% 股權，但同時身兼母公司、發起人與管理人的角色，並擁有幾乎所有的投票權與明顯對投資人（有限合夥人）不公平的激勵分配權利（IDRs）。不完善的激勵制度、權力的高度集中、管理者的利益衝突，很容易誘使公司管理層採用不當的手段，為本來平穩的業務添上了風險。

加拿大優先股

● 加拿大債券與優先股概覽

論全球固定收益資產市場（包括債券、ETD、優先股等），美國市場佔了最大份額，其次才屬歐洲、亞洲與加拿大等等國家。但在資產配置角度上，如果能力足夠，最好不要將所有資產都配置在同一地區。與美國市場最接近的，就是加拿大市場了，而且加拿大的股市與固定收益市場也相當成熟。

在加拿大的公司債券部分，債券的投資人大部分是壽險公司、退休金、存款機構或共同基金這種機構投資人，個人投資人的二手市場很窄。經過筆者實測，雖然 IB 內可以找到加拿大幣計價的加拿大公司債券，但多數都被禁止買賣，僅有的一些（例如 Bank of Nova Scotia 發行的 BNS 3.89 Jan18'29），殖利率不高，流動性又不足，吸引力有限。

相對於債券，加拿大優先股的選擇可多太多了，截至 2021 年 8 月，加拿大股市共有 353 檔優先股，配息大致分為永久、浮動與固定重置三種類型。完整的優先股清單可在以下網站找到：

優先股清單：

這個 Canadianpreferredshares 網站，是唯一專門針對加拿大優先股、為投資人提供不少比較與評估優先股工具的網站。網站提供了免費版與高級版，免費版只可以滿足基本需求，高級版則提供無廣告、更多資料與工具，一年收費 48 加幣。

LIST OF CANADIAN PREFERRED STOCKS TODAY

Here is the up to date list of Preferred stocks available in the market today. We have done all the legwork, therefore saving you time and making the selection process faster. Consequently the only task left for you is picking the right preferred. Each day we update the data model with the latest information for each preferred. As a result, the compare tables are always reflecting today's highest yielding preferreds by category.

For you, selecting the highest yielding preferred does not get easier. As with all of the tools, we provide in this site, the definition of the metrics "Table columns" is presented in a separate article Ranking Table Column Information.

Last Updated: Market Data Aug-07 10:16, Model Metrics Aug-07 10:23

Symbol ▾	Credit Rating ▴▾	Fixed Rate Base ▴▾	Dividend Amount ▴▾	Issue Name ▴▾
ALA-A ALA.PR.A CA0213612090	Pfd3L	5YR + 2.66%	$0.19	AltaGas_Ltd._3.38%_Series_A
ALA-B ALA.PR.B CA0213613080	Pfd3L	3MTH + 2.66%	$0.18	AltaGas_Ltd._cumulative_redeemable_floating_rate_preferred_shares_Series_B
ALA-E ALA.PR.E CA0213618030	Pfd3L	5YR + 3.17%	$0.34	AltaGas_Ltd._5%_Series_E
ALA-G ALA.PR.G CA0213618865	Pfd3L	5YR + 3.06%	$0.27	AltaGas_Ltd._4.75%_Series_G
ALA-K ALA.PR.K CA0213618378		5YR + 3.80% Min_5%	$0.31	AltaGas_Ltd._5%_Series_K
AQN-A AQN.PR.A CA0158573034	Pfd3L	5YR + 2.94%	$0.32	Algonquin_Power_&_Utilities_Corp._Cumulative_Rate_Reset_Preferred_Shares_Series_A
AQN-D AQN.PR.D CA0158575013	Pfd3L	5YR + 3.28%	$0.32	Algonquin_Power_&_Utilities_Corp._Cumulative_Rate_Reset_Preferred_Shares_Series_D

在清單中，當你點選某檔優先股的「Symbol」欄位，會出現該發行公司發行的所有優先股資料。而當你點選「Issue Name」欄位，則是進入發行公司的網站（隨不同優先股的發行公司而不同），大部分情況下，投資人可自行在此找到該標的更詳細資料（例如招股書）。

● 加拿大優先股的分類

第一類固定配息型的優先股很容易理解，就是配息是固定不變的。以 BBD.PR.C（在 IB 也是輸入這種格式）為例，在

「Fixed Rate Base」欄位顯示的是「PERPETUAL @ 6.25%」，即代表此優先股的票息率固定為 6.25%。以 25 加幣的發行價計算，BBD.PR.C 每季配息 0.39 加幣（25×6.25%/4 ＝ 0.39），如以 2021 年 8 月 6 日收市價 17.78 加幣計算，即殖利率高達 8.79%。

不同於美國優先股，大部分加拿大優先股都低於發行價。而根據資料，BBD.PR.C 的發行公司 Bombardier Inc 可在不少於 30 天或不超過 60 天的通知後隨時贖回此標的，雖有贖回風險，但無蝕價風險。

如果想看固定配息型優先股的清單，可參看：

第二類浮動配息型的優先股，則是指配息隨某基準利率浮動。例如每月配息的 BBD.PR.B，其配息就是建基於加拿大最優惠利率（截至 2021 年 8 月為 2.45%）×100% 作為每年股息率，現時每月配 0.051 加幣（25×2.45% ／ 12 ＝ 0.051）。如以 2021 年 8 月 6 日收市價 12.3 計算，殖利率約為 4.98%。

第三類就是最特別的固定重置型優先股，這種優先股一般以
加拿大五年期公債息率為基準，在過了可贖回日後，以五
年為單位贖回或重設配息率一次。我們以 BBB 投資級公司
Brookfield Office Properties 發行的優先股 BPO.PR.A 為例：

Symbol ▲▼	Price ▲▼	52W High ▲▼	52W Low ▲▼	Fixed Rate Base ▲▼	Current (Yield Dividend) ▲▼	Name ▲▼
BPO-A BPO.PR.A CA1129006831	$19.90	$21.93	$11.70	5YR + 3.15%	05.92% $1.1773	Brookfield_Office_Properties_Inc._4.75%,_Series_AA

BPO.PR.A 現時每年配息 1.1773 加幣，票息率 4.71%（以
2021 年 8 月 6 日收市價 19.9 計，殖利率為 5.92%）。下一次
配息重置日為 2024 年 12 月 31 日。如果在重置日 BPO.PR.A
沒有被贖回，利率就會被調整為加拿大五年期公債利率 +
3.15%。我們假設到時加拿大五年期公債利率為 1.01%，則票
息率會被重設為 4.16%，即每年配息 1.04 加幣（2021 年 8 月
6 日收市價 19.9 計，殖利率為 5.23%）。

如果想看固定重置型優先股的清單，可參看：

● 加拿大優先股 ETF

如果你真的不想去做選擇，只想投資一籃子加拿大優先股作為穩定收息或資產配置，現時有三檔加拿大優先股 ETF 可作選擇：

1.iShares S&P/TSX Canadian Preferred Share Index ETF（CPD）：成立於 2007 年 4 月 10 日，是追蹤 S&P / TSX 優先股指數的 ETF。現時市值 13.95 億加幣，現價年殖利率 4.59%，五年平均年回報率 6.69%，基金管理費 0.45%。

CPD 具體基金資料：

Returns

	Average Annual	Cumulative	Calendar Year				
as of Mar 31, 2021				1y	3y	5y	10y	Incept.
Total Return (%) ❶				48.50	2.67	6.69	2.08	1.90
Benchmark (%) ❶				49.65	3.31	7.23	2.58	2.43

2. **BMO Laddered Preferred Share Index ETF（ZPR）**：成立於 2012 年 11 月 14 日，追蹤指數為 Solactive Laddered Canadian Preferred Share Index。現時市值 20.2 億加幣，現價年殖利率 4.98%，五年平均年回報率 7.83%，基金管理費 0.45%。

ZPR 具體基金資料：

Annualized Performance (%) for period ending: Mar 31, 2021

| 2021 | March | GO |

	1 Year	2 Year	3 Year	5 Year	10 Year	Since Inception
NAV	57.40%	9.57%	3.01%	7.83%	-	0.94%
Index	58.34%	10.00%	3.56%	8.60%	-	1.59%

The ETF started tracking the Solactive Laddered Canadian Preferred Share Index on October 19th, 2015. Previously it was tracking the S&P / TSX Preferred Share Laddered Index.

3. **Evolve Dividend Stability Preferred Share Index ETF（PREF）**：成 立 於 2019 年 9 月 26 日， 追 蹤 指 數 為 Solactive Laddered Canadian Preferred Share Index。 現 時市值 0.37 億加幣，現價年殖利率 4.51%。由於成立時間尚短，沒有三年與五年回報率，一年回報率為 19.21%，基

金管理費 0.45%。

PREF 具體基金資料：

TICKER	NAV	1D	1M	3M	6M	YTD	1Y	2Y	5Y	S/I**
PREF	$25.33	-0.01%	0.52%	2.28%	3.97%	2.60%	19.21%	--	--	5.46%

As at April 16, 2021

** Performance since inception on Sept 26, 2019

留意以上所述的殖利率未扣除 15% 股息稅。三檔 ETF 相差不遠，真的要選擇的話，ZPR 無論市值、回報都略優於其他兩檔。

深入探析加拿大優先股

● 加拿大優先股的評級制度

加拿大優先股並不是使用我們所熟悉的穆迪或標普評級，而是使用 DBRS Morningstar 的 Preferred Share Rating Scale，一種加拿大專屬的評級優先股制度。

這種優先股評級制度分為以下幾級：

- **PFD-1**：最高的信用評級，通常對應發行者為 AAA 或 AA 級公司。
- **PFD-2**：良好的信用評級，通常對應發行者為 A 級公司。
- **PFD-3**：一般的信用評級，通常對應發行者為 BBB 級公司。
- **PFD-4**：投機性的信用評級，通常對應發行者為 BB 級公司。
- **PFD-5**：高度投機性的信用評級，通常對應發行者為 B 級公司。
- **D**：優先股發行者已申請破產清算或破產保護。由於優先股不是債券，所以不支付股息並不屬違約，不會導致評級為 D。

換言之，PFD-1 至 PFD-3 通常是投資級公司發行的優先股，PFD-4 或之下則是投機級（垃圾級別）公司發行的優先股。

PFD-1 至 PFD-5，每一級評級再分為上中下三等級。以 PFD-2 為例，就再分為 PFD-2H、PFD-2 與 PFD-2L 三級，分別代表 A 級公司中較高、中等、較低三種等級。以後，大家

看到 Credit Rating 中出現 DRBS PFD-3H 或 PFD-2H 這些字，
應該都懂得意思了吧。

Canadianpreferredshares.ca 網站的首頁，甚至已幫你依不同
的優先股評級篩選了不同的列表，你可以在選擇某特定評級，
然後依殖利率排列選擇。例如：

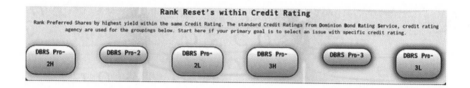

加拿大優先股的配息類型大致分為固定、固定重置、浮動三
種，其中固定重置式又有最低利率保障的變種，很容易令人
混淆。

● 固定利率優先股

固定利率優先股採取最簡單的固定利率配息方式，如果見到
「Fixed Rate Base」欄位顯示「PERPETUAL @ x.xx%」，即
代表此優先股的票息率固定為 x.xx%，直至被贖回。

固定配息型優先股的清單，可參看：

Credit Rating ▴▾	Symbol ▴▾	Price ▴▾	52W High ▴▾	52W Low ▴▾	Fixed Rate Base ▴▾	Current (Yield Dividend) ▴	Name ▴▾
NR	BBD-C BBD.PR.C CA0977517055	$16.95	$17.01	$6.76	perpetual @ 6.25%	09.20% $1.5600	Bombardier_Inc.,_6.25%,_Series_4
Pfd2H	PWF-I PWF.PR.I CA73927C8455	$25.55	$25.94	$23.31	perpetual @ 6.00%	05.87% $1.5000	Power_Financial_Corp.,_6.00%,_Series_I
Pfd2H	PWF-G PWF.PR.G CA73927C8786	$25.55	$25.89	$22.75	perpetual @ 5.90%	05.79% $1.4800	Power_Financial_Corp.,_5.90%,_Series_F
NR	INE-C INE.PR.C CA45790B7068	$25.05	$25.50	$22.90	perpetual @ 5.75%	05.75% $1.4400	Innergex_Renewable_Power_Series_C_Perpetual
Pfd2H	PWF-O PWF.PR.O CA73927C7879	$25.44	$25.76	$22.11	perpetual @ 5.80%	05.70% $1.4500	Power_Financial_Corp.,_5.80%,_Series_O
Pfd2H	GWO-F GWO.PR.F CA39138C8097	$26.04	$26.20	$23.57	perpetual @ 5.90%	05.68% $1.4800	Great-West_Lifeco_Inc.,_5.90%,_Series_F
Pfd2	POW-C POW.PR.C CA7392390757	$25.55	$25.94	$22.29	perpetual @ 5.80%	05.68% $1.4500	Power_Corp_of_Canada_5.80%,_Series_C

Last Updated: Market Data Apr-10 12:33, Model Metrics Apr-10 13:33

以評級 PFD-2H 的 PWF.PR.I 為例，「Fixed Rate Base」欄位顯示「PERPETUAL @ 6.00%」，表示此優先股的固定票息率為 6%。「Current (Yield Dividend)」欄位顯示「05.87%@ 1.5000」，則表示此優先股每年配息 1.5 元，以現價 25.55 計算，殖利率為 5.87%。

● 固定重置優先股

固定重置優先股採用五年一次的利率重置式配息，這是介於固定利率與浮動利率之間的一種配息方式，最容易被人混淆。

這類優先股在發行時，先會訂立一個期限，稱為「Initial Fixed Rate Period」，在此期限內的配息是固定的。同時，此期限的結束日，通常也是優先股的第一次可贖回日。

過了「Initial Fixed Rate Period」後，發行公司可選擇是否贖回優先股。如果公司選擇不贖回，配息會重設為該時間點的五年期加拿大公債利率（GCAN5YR）再加上一個特定利率，例如 5 years yield ＋ 4.71%。重設後的票息率將維持五年，直至五年後，公司可再次選擇是否贖回，不贖回的話就再重置一次利率，然後再維持五年，依此類推。

固定重置型優先股的清單，可參看：

接下來，我以 PFD-3H、殖利率高達 6.87% 的 EFN.PR.A 為例說明。

在基本版的網頁中，可以看到的資料很少，我們只見到 ENF.PR.A 的配息是 1.73 元，現價 25.19 元，殖利率 6.87%，但其他具體資料，包括最重要的重置／贖回日並不會知道。在這

樣的情況下，我們只能點進相應的「Name」欄位，在官網與
招股書（Prospectus）中去找。

Credit Rating	Symbol	Price	52W High	52W Low	Fixed Rate Base	Current (Yield Dividend)	Name
Pfd3H	EFN-A EFN.PR.A CA2861818706	$25.19	$25.44	$18.87	5yr + 4.71%	06.87% $1.7300	Element_Financial_Corp.,_6.933%,_Series_A
Pfd3H	ENB-N ENB.PR.N CA29250N7743	$18.57	$18.94	$12.05	5yr + 2.65%	06.85% $1.2712	Enbridge_Series_N,_Cumulative_Redeemable_Preference_Shares
NR	DC-B DC.PR.B CA2649817035	$19.51	$20.00	$9.86	5yr + 4.10%	06.82% $1.3300	Dundee_Corp.,_5.688%,_Series_2
Pfd3H	ENB-F ENB.PR.F CA29250N8659	$17.37	$17.87	$11.64	5yr + 2.51%	06.75% $1.1720	Enbridge_Series_F,_Cumulative_Redeemable_Preference_Shares
Pfd3H	ENB-D ENB.PR.D CA29250N8816	$16.62	$16.86	$11.02	5yr + 2.37%	06.71% $1.1148	Enbridge_Series_D,_Cumulative_Redeemable_Preference_Shares
Pfd3H	ENB-H ENB.PR.H CA29250N8402	$16.36	$16.50	$10.50	5yr + 2.12%	06.67% $1.0920	Enbridge__Series_H,_Cumulative_Redeemable_Preference_Shares
NR	AZP-B AZP.PR.B CA04857R2000	$21.85	$22.05	$14.40	5yr + 4.18%	06.57% $1.4347	Atlantic_Power_7.0%_Cumulative_Rate_Reset_Preferred_Shares,_Series_II

以上是 ENF.PR.A 招股書的第一頁，基本上已總結了必須的
資料：ENF.PR.A 的初始固定利率為 6.6%，Initial Fixed Rate
Period 直至 2018 年 12 月 31 日；在 2018 年 12 月 31 日或之
後，每隔五年重置利率一次，重設利率為加拿大五年公債利
率（GCAN5YR）＋ 4.71%。

以此計算，ENF.PR.A 在 2018 年 12 月 31 日已重置過一次利
率，當時五年公債利率應該是 2.21%，致使票息率被重置至
6.52%。而下次的重置日為 2023 年 12 月 31 日，假設到時五
年期公債利率與現時一樣，而公司又不作贖回，則票息率將
被重置為 5.67%（0.96% ＋ 4.71%）。

$100,000,000
4,000,000 6.60% Cumulative 5-Year Rate Reset Preferred Shares, Series A

This prospectus supplement qualifies the distribution (the "Offering") of 4,000,000 6.60% Cumulative 5-Year Rate Reset Preferred Shares, Series A (the "Series A Shares") of Element Financial Corporation (the "Company" or "Element"). The holders of the Series A Shares will be entitled to receive fixed, cumulative, preferential cash dividends, if, as and when declared by the Company's board of directors (the "Board of Directors") for the initial period from and including the closing date of the Offering up to but excluding December 31, 2018 (the "Initial Fixed Rate Period") payable quarterly on the last Business Day (as defined herein) of March, June, September and December in each year at an annual rate of $1.65 per share. The initial dividend, if declared, will be payable on March 31, 2014 and will be $0.4701 per share, based on the anticipated closing date of the Offering of December 17, 2013 (the "Closing Date"). See "Details of the Offering".

For each five-year period after the Initial Fixed Rate Period (each, a "Subsequent Fixed Rate Period"), the holders of Series A Shares will be entitled to receive fixed, cumulative, preferential cash dividends, if, as and when declared by the Board of Directors, payable quarterly on the last Business Day of March, June, September and December in each year, in the amount per share per annum determined by multiplying the Annual Fixed Dividend Rate (as defined herein) applicable to such Subsequent Fixed Rate Period by $25.00. The Annual Fixed Dividend Rate for the ensuing Subsequent Fixed Rate Period will be equal to the Government of Canada Yield (as defined herein) on the 30th day prior to the first day of such Subsequent Fixed Rate Period, plus 4.71%. See "Details of the Offering".

Option to Convert Into Series B Shares

Subject to the Company's right to redeem Series A Shares, the holders of Series A Shares will have the right, at their option, to convert their Series A Shares into Cumulative Floating Rate Preferred Shares, Series B (the "Series B Shares") subject to certain conditions, on December 31, 2018 and on December 31 every five years thereafter. The holders of Series B Shares will be entitled to receive floating rate cumulative preferential cash dividends, if, as and when declared by the Board of Directors, payable quarterly on the last Business Day of March, June, September and December in each year (the initial quarterly dividend period and each subsequent quarterly dividend period is referred to as a "Quarterly Floating Rate Period"), in the amount per share determined by multiplying the applicable Quarterly Floating Dividend Rate (as defined herein) by $25.00. The Quarterly Floating Dividend Rate will be equal to the sum of the T-Bill Rate (as defined herein) plus 4.71% (calculated on the basis of the actual number of days in the applicable Quarterly Floating Rate Period divided by 365) determined as of the 30th day prior to the first day of the applicable Quarterly Floating Rate Period. See "Details of the Offering".

Subject to the provisions described under "Details of the Offering – Description of the Series A Shares – Restrictions on Dividends and Retirement of Shares", on December 31, 2018, and on December 31 every five years thereafter, the Company may, at its option, redeem all or any part of the then outstanding Series A Shares by the payment of an amount in cash for each Series A Share so redeemed of $25.00 plus all accrued and unpaid dividends up to, but excluding, the date fixed for redemption. See "Details of the Offering – Description of the Series A Shares – Redemption".

● 保障式固定重置優先股

這是固定重置優先股的變種，在固定重置式配息的基礎下，加上了最低保證利率，以保障投資人的最低收益。

保障式固定重置利率優先股的清單，可參看：

Symbol ▲▼	Credit Rating ▲▼	Fixed Rate Base ▲▼	Dividend Amount ▲▼	Issue Name ▲▼
ECN-A ECN.PR.A CA26829L4047	Pfd3L	5YR MIN 6.5% + 5.44%	$0.4075	ECN_Capital_Corp._6.50%,_Series_A
ECN-C ECN.PR.C CA26829L6026	Pfd3L	5YR MIN 6.25% + 5.19%	$0.3900	ECN_Capital_Corp._6.25%,_Series_C
BPO-I BPO.PR.I CA1129005924	Pfd3	5YR MIN 4.85% + 3.23%	$0.3030	Brookfield_Office_Properties_Inc._4.85%,_Series_II
BPO-C BPO.PR.C CA1129006674	Pfd3	5YR MIN 6% + 5.19%	$0.3750	Brookfield_Office_Properties_Inc._6.00%,_Series_CC
BPO-G BPO.PR.G CA1129006260	Pfd3	5YR MIN 4.85% + 3.32%	$0.3030	Brookfield_Office_Properties_Inc._4.85%,_Series_GG
AX-I AX.PR.I CA04315L8657	Pfd3L	5YR MIN 6% + 3.93%	$0.3750	Artis_REIT_6.00%,_Series_I
BPO-E BPO.PR.E CA1129006427	Pfd3	5YR MIN 5.1% + 3.96%	$0.3190	Brookfield_Office_Properties_Inc._5.10%,_Series_EE
CPX-G CPX.PR.G CA14042M8887	Pfd3L	5YR MIN 6% + 5.26%	$0.3750	Capital_Power_Corp._6.00%,_Series_7

以大家較熟悉的 Brookfield 集團屬下的 Brookfield Office Properties Inc 發行的 BPO.PR.I 為例，「Fixed Rate Base」顯示為「5YR MIN 4.85% ＋ 3.23%」。即表示在重置日，利率將被重置為加拿大五年公債利率＋ 3.23%，但假如重置後的票息率低於 4.85%，就會被重置於 4.85%。依 BPO.PR.I 招股書所述，BPO.PR.I 的重置日為 2022 年 12 月 31 日。

● 浮動利率優先股

你以為固定重置與保障式固定重置式配息已經夠複雜了？錯

了，有些浮動利率優先股的配息方式更複雜。

浮動利率優先股通常是月配息或季配息，每次配息跟隨加拿大 3 月期公債收益率（3 Month Treasury Bill）或加拿大最優惠利率（Canadian Prime Rate）而浮動。

浮動配息型優先股的清單，可參看：

較簡單的是 3MTH ＋ X.XX% 或 FLOATING (XX% OF PRIME RATE) 這兩種，以下有兩個例子：

1. BPO.PR.S-Fixed Rate Base 是「3MTH ＋ 3.48%」，代表配息基準為加拿大 3 月期政府債券利率（3 Month Treasury Bill）＋ 3.48%。

Last updated: Market data Apr-10 12:53, Model Metrics Apr-10 13:53

Symbol ▲▼	Credit Rating ▲▼	Fixed Rate Base ▲▼	Dividend Amount ▲▼	Converts To ▲▼	Optional Conversion Date ▲▼	Issue Name ▲▼
BBD-B BBD.PR.B CA0977515075	NR	FLOATING(>=50% OF PRIME RATE <=100%)	$0.0510			Bombardier_Inc.,_Series_2
DC-D DC.PR.D CA2649018025	NR	3MTH + 4.10%	$0.2618			Dundee_Corp.,_Series_3
BPO-S BPO.PR.S CA1129007748	Pfd3	3MTH + 3.48%	$0.2231			Brookfield_Office_Properties_Inc_Series_S
AZP-C AZP.PR.C CA04878R3099	NR	3MTH + 4.18%	$0.2668	AZP-B	2024DEC31	Atlantic Power Preferred Equity Ltd., Series 3
FFH-J FFH.PR.J CA3039018393	Pfd3H	3MTH + 2.85%	$0.1837			Fairfax_Financial_Holdings_Ltd.,_Series_J
TA-E TA.PR.E CA89346D7505	Pfd3L	3MTH + 2.03%	$0.1324			TransAlta_Corp.,_Series_B
FFH-D FFH.PR.D CA3039016074	Pfd3H	3MTH + 3.15%	$0.2024			Fairfax_Financial_Holdings_Ltd.,_Series_D
BPO-W		FLOATING(70%				

2. BPO.PR.W-Fixed Rate Base 是「FLOATING (70% OF PRIME RATE)」，代表配息基準為加拿大最優惠利率（Canadian Prime Rate）×70%。

複雜的是像 BBD.PR.B 這種「FLOATING (>= 50% OF PRIME RATE <= 100%)」，其配息的範圍，是 Prime Rate 的 50% 至 100%，視乎不同情況而定。

根據 BBD.PR.B 的官網所述，BBD.PR.B 屬於每月配息，預設浮息率為每月 Prime Rate 的 80%，但假如交易價格低於 24.9

或高於 25.1，則可以向上或向下調整。除了第一年，BBD.
PR.B 十幾年來配息都是 Prime Rate 的 100%。

截至 2021 年 8 月，加拿大 Prime Rate 為 2.45%，3 Month
Treasury Bill 利率為 0.18%。聰明的大家，應該不用再問為什
麼這些浮息優先股幾乎全部大幅度低於面值（Below Par）了
吧？

● 加拿大優先股總結

大家需要留意，Canadianpreferredshares.ca 網站並不包含
所有加拿大優先股，低於 PFD-3L 評級、以美元計價、與及面
值不是 25 元的優先股都被排除在外。

網站的首頁，已有關鍵的基準指標：

Key Metrics			
Prime Rate 2.45%	3 Month Treasury bill 0.18%	Policy Interest RateTarget 0.25%	5 Year Bond Yield 0.82%

此外，網站首頁亦提供了其他篩選工具，包括可以發行公司、利率、評級、甚至行業來篩選優先股，也有近期重置、配息、除息的優先股清單，大家可以多加利用。

不過，在基本版中，每檔標的所顯示的資料有限，要深入了解，每每需要點進該優先股的相關官網與招股書去找，這要求投資人具有相當的閱讀招股書能力。

加拿大股票分置基金

● 什麼是股票分置基金（SSF）

加拿大股票分置基金（CA Split Share Fund, SSF），是一個很特別的存在。分置基金（SSF），其本質是一種封閉式基金，主要是投資於高配息的股票。

SSF 特別之處在於基金拆開了 A 類股票（Class A Share）和優先股（Preferred Share）兩種。基金的大部分資產屬於 A 類股票結構，而優先股則被用作廉價資本的來源，以增加基

金的可投資資產。

舉例,一個 5000 萬美元的封閉型基金,另外發行 5000 萬美元的優先股,總價值達到 1 億美元,其中優先股的收益率為 5%。每年此基金的投資所得,首先會派給優先股股東,其餘就分給 A 類股票股東。假設當年投資回報率為 6%,即獲利 600 萬美元,其中的 250 萬以固定 5% 利率配給優先股股東後,餘下的 350 萬就可派給 A 股股東,計算下來 A 股股東的獲利為 7%。

由於有優先股的廉價資本來源,SSF 基金經理經常使用各種策略為 A 類股東創造額外收入,最典型的方法就是使用 Short Covered Call,利率動輒可超過 10%。

表面上,SSF 的優先股股東的收益較低,但其收入更為穩定,因為優先股的配息是優先給付的。而 A 股股東在基金的投資收益不符理想時,隨時可以被暫停配息,這種情況也是屢見不鮮的。

此外，SSF 為維持 A 股股東的高息而普遍使用的 Short Covered Call 策略，往往也限制了其組合內股票上漲的潛力。所以，SSF 的 A 股股東收益，其實並不屬於固定收益，而屬於穩定收益。

● 高配息原理

根據加拿大多倫多證券交易所網站的最新資料，現時在加拿大市場上市的 SSF 共有二十三檔，以現價計，超過一半的年收益率都超過 10%，而且是一個月配一次息，以利率來說，是出奇的吸引人。

利率高，自然是有其原因的。

SSF 發行時，IPO 價大多是 15 加幣，優先股的目標年收益率通常設在 4%-6% 之間，A 類股票的目標年收益率則設在 6-11% 之間。由於 A 類股票是每月配息的，如以 8% 年收益率為目標，IPO 價 15 加幣，就是每月配 0.1 加幣。

SSF 是封閉型股票基金的一種，雖然多數投資在金融、保險、能源等這類高息股票，但要每月維持這麼高的穩定配息，純粹的「Buy and Hold」持股策略根本不大可能做到。為達到目標收益率，加上有優先股這種廉價資本來源，SSF 基金經理經常會使用各種策略為 A 類股東創造額外收入。

最典型增加股息的方法就是使用 Short Covered Call。這是一種選擇權現金流策略（筆者以前主力投資股票不時都會去做），即定期為手中的持股賣出認購選擇權，以賺取選擇權金。如果大家投資過 Credit Suisse X Links Gold Shares Covered Call ETN（GLDI），應該會了解這類策略的玩法──GLDI 就是利用 Short Covered Call 策略，以完全沒有現金流的黃金資產，配發超過 14% 的股息率。

很多人沒有留意到，SSF 的基金管理費相當低，多介乎 0.6%-0.85% 之間，但不少設有基金表現費的收成，即基金表現超過一定程度後再從中抽成，這也促成 SSF 較進取的投資策略。

Short Covered Call 的最大風險，就是底層資產升逾行使價

時，要被逼沽貨或轉倉，是犧牲股票增長性的做法。如果盲目定期做的話，通常都是「賺息蝕價」的下場（大家只要看看 GLDI 股價的長期走勢就會明白）。所以，SSF 持有的雖然大多是穩定的收息股票，但其投資表現相當依靠基金經理的功力。

因此，當你看到超過一半的 SSF-A 配發超過 10% 年息，其實真正的原因，是名義配息率不變（配息只暫停不減息），但是基金的價格與 NAV 縮減了所引致（即典型的賺息蝕價）。不過有限的蝕價其實並不重要，重要的是包含股息在內的總回報率。

● SSF 的停息機制

由於高息與選擇權策略限制了組合內股票上漲的潛力，大多數 SSF 股價都沒有什麼成長性。與一般基金不同，SSF A 類股票會盡量維持配息金額，當投資收益不符理想時，SSF 並不會減息，而是採取暫停配息的手法，所以停息這種情況，投資 SSF A 類股票時十分常見。

除非極端的情況出現，否則 SSF 的優先股是屬於一定要配息，但 A 類股票則會視乎基金的每股資產淨值（Net Asset Value per Share, NAV）而決定是否配息。

SSF 會設定一個 NAV Threshold 的數值，一般是 15 加幣。假如一股優先股與一股 A 類股票的加總 NAV，低於 NAV Threshold 的 15 加幣時，A 類股票就會停止配息。

以 E Split Corp 的 A 類股票（TSE:ENS）為例，上市發行價為 15 加幣，截至 2021 年 8 月 17 日，ENS 的 NAV 為 13.41 加幣。NAV Threshold 設為 15 加幣，由於基金總 NAV 淨值（優先股加 A 類股票）為 23.48 加幣，仍高於 NAV Threshold 值，所以 ENS 會繼續配息。

E Split Corp Class A Share Metrics

Symbol: TSE:ENS	Price: $14.40	Currency: CAD	Name: E Split Corp	:
Dividend: $0.1300	Target Yield: 8.00	Current Yield: 10.83%	Frequency: Monthly	:
Current NAV: $23.48	NAV As Of Date: 2021-08-17	NAV Threshold: $15.00	Class A Only NAV: 13.41	Class A Issue Price: $15.00
Variable Dividend: N	Outstanding Float: 7,296,735	Total Distributions: N/A	Class A Only Distributions: N/A	Issuer Name: Middlefield funds

SSF A 類股票也很少增加每月配息，通常在加總 NAV 超過 25

元時才會考慮增加配息，近年來只有一檔 ENS 在 2019 年增加過配息（由每月 0.1 加幣增至 0.13 加幣）。

基本上，我們只要看看 SSF-A 的每股 NAV 與招股價 15 元相差多少，再看看其上市日期，然後數一下 SSF-A 暫停配息的次數，大概已可了解到該基金的長期表現了。

還有一點是 SSF 經常遇見的，就是每隔一段時期 SSF 發行新股，包括新一批優先股與 A 類股票。如果發行價格低於市價，對會對股價就造成一定壓力。不過 SSF 的本質是基金，發行新股就類似於開放型基金接受新的資金投入，並不影響 NAV，所以不能算是稀釋股利。

● SSF-A 範例

想研究 SSF，可從以下網站開始，每檔都可連結到官網深入研究。

SSF 深入研究網站：

全部二十三檔 SSF，著者自然不可能逐檔分析，就選取利率較高或質素較高的幾檔來分享：

1. **Dividend 15 Split Corp（DFN）**：市值最高的 SSF，2004 年成立，兼具市值高與歷史長的特點。DFN 主力投資於 15 檔加拿大大型企業（實際持有標的為 20 檔），比重超過一半是金融企業，其餘為能源、科技、基建、公用、消費等行業，風險算是較為分散。DFN 現時的股息率達 14.3%，過去 207 次配息中，只有 4 次停息記錄，算是不錯的標的。

2. **Dividend 15 Split Corp II（DF）**：DFN 的孿生弟弟，投資組合與 DFN 幾乎一模一樣。DF 是現時股息率最高的 SSF（不計已完全停息的），股息率超過 19%。但是，DF 在過往 175 次配息中，有 39 次停息記錄，停息率超過 22%，我覺得更像是蹩腳版的 DFN。

3. **Dividend Growth Split Corp（DGS）**：加拿大基金大戶

Brompton Funds 發行的一檔 SSF，投資組合類似 DFN 與 DF，但持有公司數目更多，行業的分布也更平均。DGS 持有超過 25 檔股票，九成是加拿大企業。DGS 現時的股息率約為 16.04%，在過往 152 次配息中，有 17 次停息記錄，停息率超過 11%，素質比 DF 好一些，但比 DFN 差。

4. **E Split Corp（ENS）**：多年來唯一有加息記錄的 SSF，雖只有三年歷史但沒有停息記錄，現時股息率約 11%。ENS 最特別的地方，是只持有一檔股票 Enbridge Inc（ENB）——對，只投資一檔股票也算是股票基金！ENB 是一家跨國管道公司，主力經營美國與加拿大的石油天然氣管道及能源分銷，擁有北美最長的管道系統（超過 5,000 公里）。如果你喜歡 ENB 這家能源公司，又不介意集中性風險，ENS 是不錯的投資選擇。

5. **Global Dividend Growth Split Corp（GDV）**：又是由 Brompton Funds 發行的一檔 SSF，也是唯一投資全世界股票的 SSF。其投資組合遍布台灣、歐洲、加拿大與美國，其中美國股票比重超過一半，頭 25 大持股總共只佔組合六成，行業分

布也很分散。GVD 雖只有三年歷史，但過往 37 次配息無停息記錄。現時股息率約 10%，是穩定之選。留意 GDV 由於投資組合遍布國際，基金管理費也較高，達 0.85%。

6. **Brompton Split Banc Corp（SBC）**：又是由 Brompton Funds 發行的 SSF，特色是只持有加拿大 6 家最大型銀行的股票。SBC 成立五年以來，沒有停息記錄，現時股息率約 8.13%，是喜歡銀行股之餘，又想收取高息的選擇。

最後，留意以上所提及的股息率，並沒有計算 15% 加拿大股息稅。

高利率、高風險的 Mortgage REIT

● 什麼是 Mortgage REIT

在當前的低利率環境下，很多現金流投資人不得不努力地尋找收益，以多元化現金流來維持現金流的效率，其中抵押型房地產投資信託（Mortgage REITs, mREITs）成為其中一項

投資選擇。這種 REITs 的年股息率，可以達到雙位數，但其本質與傳統 REITs 有很大差別。

mREITs 與傳統 REITs 的最大分別，就是 mREITs 購買的是房地產債務，而不是房地產本身。他們不購買建築物，而是購買房地產抵押貸款和抵押貸款證券（Mortgage Backed Securities，MBS），然後使用槓桿（借錢或融資）來增加投資組合的規模。mREITs 賺取的是融資成本與所收利息之間的利差，業務更近似於銀行放款。

不要以為你不投資 mREITs，就不需要瞭解 MBS 是什麼。除了 mREITs，大部分債券 CEF 與股債 CEF，包括大家熟知的 PTY、PDI、PFL、GOF、PFN、RA 等等，為了提高投資回報，都會去投資 MBS，佔比動輒佔基金組合的三成以上。

● 美國房貸與 MBS 的角色

MBS 與美國房貸息息相關，一提起美國房貸，很多人都談虎色變，首先想起 2008 年的次級房貸風暴。

這裡不打算詳細講解當年的次貸風暴，簡單說，就是當時銀行為追求業績盈利，不斷放寬貸款標準，將不合格的次級房貸混入了 MBS 與相關衍生性商品，再包裝成 AAA 投資產品轉賣出去。當房價下跌時，這些次級房貸貸款人還不起款，法拍和待售房屋庫存增加，進一步使房價崩盤，再進一步降低了房地產抵押貸款證券的價值與流動性，削弱銀行的資產和財務狀況，這種惡性循環就產生了骨牌效應，最終導致大滅絕。

所以，當年次貸風暴的問題並不是整個美國房貸市場，而是那些次級房貸。那麼，什麼才算是次級房貸呢？

一般來說，美國房貸分為政府保證房貸（Government-backed mortgage）與非政府保證房貸。其中非政府保證房貸即傳統型房貸（Conventional mortgage），會依照是否符合俗稱兩房的房利美（Fannie Mae）及房地美（Freddie Mac）收購標準作為分類，若符合，稱為標準型房貸（Conforming Mortgage），不符合者則稱為非標準型房貸（Non-conforming Mortgage）。

兩房的收購標準是由聯邦住宅金融委員會（Federal Finance Agency, FHFA）所制定，準則包括信用分數（FICO）、收入狀況及頭期款（通常為 5%-20%）、最高債務收入比、貸款保險等等，均設有最低標準。

不符合兩房收購標準的非政府保證房貸，又分為大額房貸（Jumbo）、次優級房貸（Alt-A）與次級房貸（Subprime）三種，其中的次級房貸才是當年次貸危機引發的金融風暴源頭。

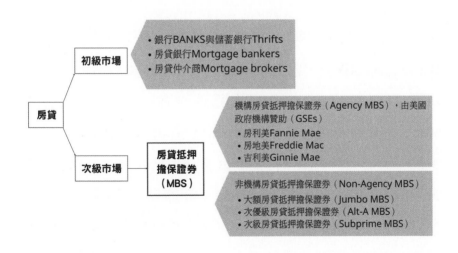

房貸市場化後，分為初級市場（Primary market）與次級市場（Secondary market）：

初級市場的房貸，就是一般買房者去向貸款機構融資產生的房屋貸款。

mREIT 投資的，主要是屬於次級市場的 Mortgage Backed Securities（MBS），即是將金融機構的不動產擔保抵押貸款，包裝成衍生性金融商品，再打包出售給投資人或其他金融機構的證券化產品。

● MBS 的種類

MBS 有兩大類，一類是通過了政府支持機構（Government-Sponsored Enterprise, GSE）所要求的信用評等規定的 MBS，通稱為機構房貸抵押擔保證券（Agency MBS），由房利美、房地美或吉利美（Ginnie Mae）擔保發行。兩房是經由美國國會立法、特許成立的房屋貸款機構，吉利美更是全資政府公司，因此 Agency MBS 被外界視為由美國政府作出擔保，提供具官方保證的本金與利息支付保險。所以，在信用風險上，現在的 Agency MBS 被認為是具有 AAA 信用等級的全球最安全的投資之一！

機構房貸抵押債券
（Agency MBS）

銀行／房貸機構
發行之抵押信託

房貸戶違約／信用風險

提前清償與利率風險

政府支持機構
房地美、房利美

政府支持機構
提供擔保

機構房貸抵押
債券投資人

另一類則是沒有通過 GSEs 擔保標準的 MBS，稱為非機構房貸抵押擔保證券（Non-agency MBS），其中再有評級的分層（Jumbo、Alt-A、Subprime），意味著風險與報酬的高低差異。

● **Mortgage REIT** 的盈利模式

美國 mREITs 的兩大龍頭，Annaly Capital Management Inc（NLY）與 AGNC Investment Corp（AGNC），主要就是投資

於 Agency MBS。如果貸款人違約，將由兩房作出 100% 賠償，因此 NLY 與 AGNC 承擔的信用風險，其實很低。

不過，信用風險低，代表著回報也很低，即使是最長年期的 Agency MBS，年收益率也只在 3% 左右，NLY 與 AGNC 又如何能通過投資這些收益率只有 3% 以下的 MBS，配發 8% 以上的股息率呢？答案是槓桿。

由於 Agency MBS 的信用風險低，流動性非常好，銀行或貸款機構往往不介意給出高達 95%LTV 的貸款，而且利息極低。NLY 與 AGNC 將 MBS 作抵押，取得貸款後，購入更多的 MBS，然後再抵押融資，再購入 MBS，以此循環的高槓桿擴大自己的投資組合、放大自己的股本回報率及盈利能力。

聰明的讀者應該已經想到，NLY 與 AGNC 的這種盈利模式，最大的風險並非來自信用風險，而是高槓桿下的利率風險。

MBS 的年期通常長達幾十年，而 NLY 與 AGNC 的借款可以短至 30-120 天，長期借貸利率高於短期借貸利率，之間的利差，

就成為 NLY 與 AGNC 的盈利來源。有些人以為利率走勢，會影響 mREITs 的盈利，正確來說，應該是長期利率與短期利率的「利差」走勢，才會影響 mREITs 的盈利。

當市場對經濟復甦有信心時，長期利率會提高，短期利率保持低位，殖利率曲線（Yield Curve）會變得陡峭，代表利差擴大，利好 mREITs。相反，當市場對經濟前景悲觀時，長期利率受壓，短期利率上升，殖利率曲線（Yield Curve）會變得平坦，甚至出現債息倒掛的曲線反轉（Inverted Yield Curve），代表利差縮窄甚至負利差，利淡 mREITs。

我們覺得 mREITs 的股價與經濟呈極高的正相關性，其實利率曲線才是主因。

● **觀察利差走勢**

既然長期利率與短期利率的「利差」走勢，才是真正影響 Mortgage REITs 盈利的主因。但是，我們很難從殖利率曲線（Yield Curve）的陡峭變化去觀察利差走勢，那麼，利差的

走勢又可以到哪裡去看呢？

其實很多網站都提供美國長短天期利差的走勢數據，其中一個網站是 fred.stlouisfed.org，提供了各種利差的最新互動數據。例如，我們可以選擇「10年期公債利率減2年期公債利率」（10-Year Treasury Constant Maturity Minus 2-Year Treasury Constant Maturity）或「10年期公債利率減3個月公債利率」（10-Year Treasury Constant Maturity Minus 3-Month Treasury Constant Maturity），再按「Add to Graph」，即出現利差走勢圖。

10-Year Treasury Constant Maturity Minus 2-Year Treasury Constant Maturity

Percent, Not Seasonally Adjusted

☑ Daily 　　　　　　　　　　　　　　1976-06-01 to 2021-08-19 (8 hours ago)
☐ Monthly 　　　　　　　　　　　　　　Jun 1976 to Jul 2021 (Aug 2)

10-Year Treasury Constant Maturity Minus 3-Month Treasury Constant Maturity

Percent, Not Seasonally Adjusted

☑ Daily 　　　　　　　　　　　　　　1982-01-04 to 2021-08-19 (8 hours ago)
☐ Monthly 　　　　　　　　　　　　　　Jan 1982 to Jul 2021 (Aug 2)

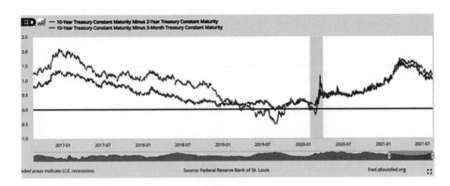

最新利差互動數據網站：

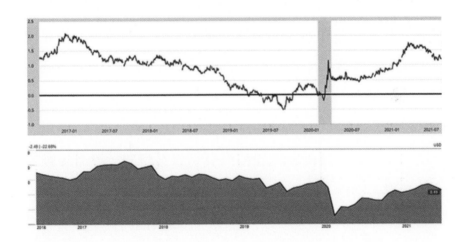

隨手比較一下「10 年期公債利率減 3 個月公債利率」利差與 NLY 股價的五年走勢圖，你會發現兩者是驚人的相似。

那麼長短天期公債利差又是受什麼因素影響呢？

首先，短天期公債利率通常會伴隨聯準會升降息預期而升跌，所以理論上，在一切不變的情況下，殖利率曲線應會隨聯準會的升息而趨於平坦。

長天期公債則反映著市場對經濟成長動能及通膨預期。當經濟動能及通膨預期上揚，投資人對未來升息預期升高、長天期公債利率即會上升以彌補投資人未來的流動性及利率風險；反之，當景氣趨緩、通膨預期下降時，長天期公債利率會隨之下降，甚至低於短天期公債殖利率，形成所謂的殖利率曲線倒掛。

所以，長短天期公債利差與經濟興衰息息相關，經常被視為領先指標。不過，以殖利率曲線來預測經濟衰退也並不一定可靠，例如新興國家累積龐大外匯存底構成的龐大美債買盤、以及 08 年金融風暴後主要央行採用量化寬鬆貨幣政策，均會壓低長債利率，所以不能作為經濟預測的單一指標。

mREITs 現在可以投資嗎？這取決於你怎樣預期長期利率與短期利率的走勢。

在短期利率方面，聯準會已經暗示在 2023 年之前都不大可能加息，同時為控制通膨，即使加息相信也不會太急，這確保了短期利率在很長一段時間內會保持較低水平。

在長期利率方面，2021 年本來隨著疫情受控，經濟正朝著復甦的方向發展，長期利率上升，利差顯著擴大，對 mREITs 十分有利。可是，變種病毒 Delta 帶來的疫情反彈，引發了全球復甦的擔憂，例如 2021 年 5 月中，長短天期公債利差曾扭轉了趨勢，轉而向下，造成 mREITs 股價下跌。

所以，筆者只能說，雖然我們可以由圖表去觀察利差的趨勢，但中長期走勢其實很難預測，接近「Time the Market」程度，這也是一般投資人不適宜投資太多 mREITs 的原因。不過如上一篇所說，就算你沒有主動投資 mREITs，但只要持有債券或股債 CEF，那些封閉式基金也會與 mREITs 一樣投資大量 MBS，你還是避免不了。現在大家明白，為何 PTY、PDI 這些高收益

CEF 的價格波動經常與真正債券價格脫鉤的部分原因了吧。

除了信用風險與利率風險外，mREITs 還有兩大風險，分別是：

1. **提前償還風險（Prepayment Risk）**：MBS 與抵押貸款的借款人如果提前償還，對 mREITs 來說並不是一件好事，一則代表賺不到原本的利息收益，二則如果發生在利率下降時，新貸款的利差就會縮小，利潤就會下降，影響了收益率。這風險類似我們熟悉的提前贖回風險。

2. **展期風險（Rollover Risk）**：這與資金的流動性有關。由於 mREITs 主要靠借入短期融資來投資長期的 MBS 與抵押貸款，在投資期限上會有時間落差，有機會因而造成利潤損失。當短期融資到期時，如果融資不能展延而又有資金贖回需要時，mREITs 就必須以收益支付，否則就需要在貨幣市場或向同業拆借。這在一般環境下可能不會造成太大問題，最多就是資金成本高一些，但是如果發生在經濟恐慌下行時（例如 2020 年 3 月），不論是在貨幣市場或是向同業拆借都可能對 mREITs 造成嚴重的流動性緊縮。

不過話又說回來，mREITs 也不是一些人口中所謂「賺息蝕價」的投資物。以龍頭股 NLY 為例，近十年的總回報確實跑輸美股 S&P500 指數很多（雖然仍是正數），不過拉長二十年來看，卻是大幅跑贏 S&P500 指數。近十年 mREITs 跑輸大市的主要原因，是自 2010 年 3 月後，利差走了一個長達十年的大空頭。

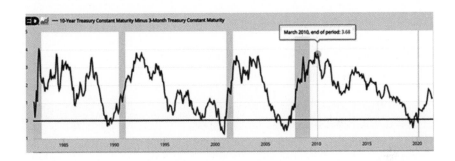

總結，mREITs 雖然提供高達雙位數字的股息率，但對利率的敏感性太高、價格波幅很大，需要用更積極的方法去管理，並不是那種投資後就可以忘記、每月等收息的「懶系」資產。如果你真的想投資 mREITs，那麼兩大龍頭股 Annaly Capital Management Inc（NLY）與 AGNC Investment Corp（AGNC)），我們又應該如何選擇呢？

當我們觀察 NLY 與 AGNC 的股價走勢，發現差不了多少，
會覺得大家都是投資差不多的東西。但你也許很奇怪，為何
NLY 的槓桿率較低，配息反而較高呢？是有做得比較好嗎？

	DIVIDEND YIELD	PRICE TO TANGIBLE BOOK	NET INTEREST SPREAD	DEBT TO EQUITY RATIO
Annaly Capital	9.7%	101%	3.39%	5.1
AGNC Investment	8.1%	101%	2.00%	6.5

不是的，根據 NLY 的最新季報，我們可以看到 NLY 的投資組
合中，真正的 Agency MBS 只有 71%，其餘是包括不受政府
支持的抵押貸款證券與中間市場貸款：

	Residential		Commercial			
	Agency MBS and MSR	Residential Credit	Commercial Real Estate		Corporate Debt	Total
			(dollars in thousands)			
Assets						
Fair value/carrying value	$ 67,325,333	$ 6,907,573	$ 3,394,832	$	2,533,879	$ 80,160,017
Implied market value of derivatives (3)	17,691,150	—	449,196		—	18,140,346
Debt						
Repurchase agreements	58,805,571	1,194,842	221,354		—	60,221,067
Implied cost basis of derivatives (3)	17,662,043	—	445,506		—	18,107,549
Other secured financing	—	—	—		909,655	909,655
Debt issued by securitization vehicles	558,894	2,756,193	—		—	3,315,087
Participations issued	—	315,810	—		—	315,810
Net forward purchases	145,138	(5,069)	—		—	140,069
Liabilities of disposal group held for sale	—	—	2,386,632		—	2,386,632
Other						
Other assets / liabilities (4)	1,821,026	2,090	(857,773)		(310,672)	654,681
Net equity allocated	$ 9,665,873	$ 2,648,587	$ 11,963	$	1,312,752	$ 13,639,175
Net equity allocated (%)	71 %	19 %	— %		10 %	100 %
Debt/net equity ratio	6.1:1	1.6:1	NM		0.7:1	4.7:1

(1) Fair value/carrying includes residential loans held for sale.
(2) Fair value/carrying includes commercial real estate investments held for sale.
(3) Derivatives include TBA contracts under Agency MBS and MSRs and CMBX balances under Commercial Real Estate.
(4) Dedicated capital allocations as of June 30, 2021 assume capital related to held for sale assets will be redeployed within the Agency business line.
(5) Represents the debt/net equity ratio as determined using amounts on the Consolidated Statements of Financial Condition. Excludes liabilities of disposal group held for sale.
NM Not meaningful.

相對地，AGNC 的投資組合，Agency MBS 的佔比超過 97%：

Investment Securities	June 30, 2021		December 31, 2020	
	Amortized Cost	Fair Value	Amortized Cost	Fair Value
Agency RMBS:				
Fixed rate	$ 56,418	$ 57,757	$ 61,977	$ 64,615
Adjustable rate	54	56	69	70
CMO	219	228	289	301
Interest-only and principal-only strips	84	100	105	126
Multifamily	—	—	17	19
Total Agency RMBS	56,775	58,141	62,457	65,131
Non-Agency RMBS	187	200	178	188
CMBS	336	353	333	358
CRT securities	1,081	1,105	733	737
Total investment securities	$ 58,379	$ 59,799	$ 63,701	$ 66,414

很明顯，NLY 承擔的信用風險遠高於 AGNC，所以 NLY 才能具有更高的淨利差與更低的債務比例。換句話說，NLY 是進攻型的 mREIT，AGNC 則是防守型的 mREIT。

兩者如何選擇，取決於你對美國整體經濟前景的看法。如果你認為美國可以進入良好的經濟時代，經濟將繼續復甦與增長，承擔一定信用風險的 NLY 就會跑贏 AGNC。如果你認為當前的經濟復蘇只是被政府刺激，當被壓抑的需求逐漸消失時，經濟就會下滑，那麼 AGNC 是更好的選擇。說到底，還是要仰賴你的經濟觀點。

CHAPTER

6

附錄：讀者問答

在筆者的 Patreon（https://www.patreon.com/laxinvest），有非常熱烈的交流討論。筆者是留言必覆，加上有很多具素質的會員願意分享經驗，有時候留言比文章本身還有用。這是大家交流的結果，只要有加入成為會員，所有留言都可以看到並參與。

此外，Patreon 也容許會員私訊向筆者討教，不少私訊問是重複問題，其中不乏一些很典型的個案與經驗，還有一些是頗有趣的，筆者覺得分享出來，可能對其他人有啟發性。以下是其中一些對話與問答的彙集，希望對大家有所裨益。

以下對話除了將一些口語話轉成書面語，盡量保持原狀。但為保護個人私隱，會隱藏所有個人資料，並將客套話與寒暄全部除去。

資產配置類

問：我現在大概有 500 萬現金，想準備一個被動現金流，如果我希望能夠利用這 500 萬，創造每月 2 萬的現金流（回報率 4.8%）你覺得可行嗎？在債券或 Reits 的選擇下，你會偏向那個低風險的組合嗎？

答：你的期望完全可行，不過如果你真的是現金流投資的新手，建議不要想一步到位。投資理財雖然不是什麼太難的事，但也要下功夫與時間去熟悉的。

500 萬的話，會比較建議做資產配置，例如一半債券一半 REITs。建議先看完我的書，有了基礎知識，拿一成左右，先試試投資幾檔債券。現在的市況，較好的債券殖利率 5% 左右已可以接受。另外也可以使用債券 CEF 來分散風險。當逐漸熟悉了，有信心了，再按自己需要將資產配置慢慢擴展到 Retis、ETD ／優先股、市政債 CEF 等等。不一定全部配置，選適合自己的。這個學習與布局過程，資質最好的人的都起碼要半年至一年，由於是分段入市，中間一

定會經歷價格高低，不過你的成本已攤平了。

問：風兄，一路都有跟你的 blog 與文章。本來已開了 IB 買債券，結果卻買了美股。昨晚停損清倉，幾個月利潤一場空。買股票信心盡失。好想平穩有現金流，但總覺利率太低，又怕公司倒閉。看了你的書但選擇什麼債券仍一片迷茫……我是否要先買入一檔債券小試牛刀？還是再多看一些書？謝謝。

答：可能你的心理素質不適合股票的波幅。先冷靜一下，債券方面嘗試先買入一兩檔試試感覺，然後才慢慢擴大範圍。看書不是沒有用，但實戰經驗更重要。一日不實戰，一日都是紙上談兵，永遠也學不會。

問：我看到你買十幾檔債券，請問是否因為要分散違約風險？每檔約佔投資組合多少？還是比例不一？

答：你有看過我的書嗎？如果未看，建議先看，打好基礎，自然不會問這些問題。投資多檔債券確實是為了分散風

險，比例則不一定。

至於有多少標的視乎投資人的能力，我在 Patreon 每月分享的組合是經過長時間逐步建立的，加入每個成員前是要做研究，但之後通常是有新聞時才檢討一下。如果是初學者，我建議從五六檔開始，先試試感覺，或先用 CEF 或 ETF 代替，隨著能力與實戰經驗上升才慢慢增換標的。一般從毫無經驗到完成整個組合布局，起碼半年至一年時間。

問：我的投資目標是穩定及 4% 回報，買了產品後不用天天掛心，一月一次的檢討就夠了。在這前提下應如何選債呢？做多少槓桿才算合適呢？

答：4% 可用 bond scanner 選投資級別債券，先不用槓桿，買一兩檔試試手感，有經驗後就考慮配置，可參看 Patreon 內有關資產配置的文章。最後才考慮槓桿，而槓桿高低因個人風險程度有異。如果目標是穩定及 4% 回報，其實並不需用到槓桿。

問：風兄，我今年三十五歲，投資股票十年，整體成績都是虧錢，除了投資房託和 900 等收息股，其他中小型股幾乎滿江紅。上半年開始漸漸轉為房托收息，今年跌市未能倖免，至今未能浮回水面。對於今年的科技股大漲，我全部缺席。我個人較保守，真是完全不懂為科技股估值，自問眼光真是不行。但當現在科技股不停創新高，Tesla 破歷史高位，我開始猶豫了，質疑自己是否故步自封？錯過大漲，現在還抱著所謂舊經濟股，是不是不思進取？

答：股票求增長，收息求現金流，兩種方式是完全不同的。

你看好像周圍的人都在買新經濟股，其實沒有買的更多。高回報背後伴隨高風險，人家大賺你看到，人家大輸你看到嗎？

故步自封與策略不同是兩回事，又要現金流又要平穩，然後要求買中科技股的增長，有那麼完美嗎？

如果你有能力預測大市，自信懂得分析，當然 ALL IN 啦，現在也可以。問題是真的嗎？你覺得科技股無風險嗎？

此外，你好像抱著所有資金不是投入 A 就是投入 B 的觀念，可先看一看我先前的資產配置文章，我自己也有投資台灣半導體電子股。

如果不懂分析，以 ETF 代替，資產配置很重要。

問：2020 年的股災，我自己的投資組合損亡慘重，要怪就怪自己貪，多玩了選擇權……沒想到殺傷力大到這樣，把自己兩年來學習風兄辛苦建立的組合破壞了，賺到的都輸掉了。現在剩下一些 ETD、直債和一些 S-REIT，如果要重新出發，可以怎樣再重建懶系收息組合呢？好灰心但不死心，希望風兄可以給一點建議，感謝！

答：深表同情，希望你可以快快恢復元氣，重新開始。

現在的組合應該回升了不少，體質好的繼續留下。你就當

成自己是新建倉的角度去檢視手中的組合，如果無槓桿應不用太擔心。

但恕我直言，如果你要追回損失的本金，不能用我的方法，因為我的方法只能慢慢收息，不可能很快賺錢。如果你要很快追回，要另找方法。只是財不入急門，心急只怕更糟。最好將損失放下，當成買了教訓，現在重新上路，會比較好。

問：風大，我正在拜讀您的文章 想請問您 2017~2018 有提到債券你偏好大到不能（會）倒的公司，例如 HSBC/CITI，但現在你的債券組合看起來不像是這樣的組合，很好奇這幾年轉變的想法？是為了提高報酬？

答：我在不少文章都有說過，我的組合並不算是低風險，但風險高低是相對的，不同人的承受能力不同。偏好是一回事，現實沒有完美，一切都講求平衡。追求極低風險，只能接受 3% 以下回報。

其實我沒有心態上的轉變，只有取捨與能力的問題。能力不到，當然只能選大得不能倒的企業。但如果你能力到了，對自己的選擇有信心，就可承擔適當的風險。

初心者問

問：我持有 **PBI Corp 5.375 May15' 22 (Pitney Bowes Inc)** 公司直債，在 **IB** 顯示 **Moody rating** 是 **B1**，但去 **Moody** 網站查顯示如下：

LT Corporate Family Ratings is Ba3 – Action: Downgrade – Date: 6 May 2020

Senior Unsecured (Domestic) is B1 – Action: Downgrade – Date: 6 May 2020

我不明白在 **Moody** 網站內要以哪一個顯示結果為主？請指教，謝謝！

答：A3 是 PBI 公司本身的評級，B1 是 PBI 公司無抵押債券
　　的評級。無抵押債券由於沒有抵押品，評級比公司本身
　　低。兩者都要看。

問：**我仍然有些不明白，公司直債大多數是無抵押債券，只**
　　要看「無抵押債券的評級」已經足夠？但為何仍要留意
　　「公司本身的評級」？

答：公司本身評級與公司違約機會有關，債券評級則與違約
　　後可拿回多少本金有關。

問：**我想知道通常有什麼原因會使公司提前贖回債券？是否**
　　公司不行了？

答：趁低息贖回舊的高息債券，再另外發行較低息的新債券
　　很正常，現在很多公司都在這樣做，例如 CTL 一口氣贖
　　回幾檔優先股，一點也不稀奇。

問：**關於新加坡 Reits 有無股息稅，我在網上找過，有人說非**

居民要繳交 **15%** 稅，有人又說不用繳稅，所以想請教您。

答：新加坡 Reits 不需繳交股息税。

問：**風兄，我有選擇權問題想請教，我 Short Put 了 9 月 18 到期 BIGC，行使價 90，現在跌到價內，但為何沒有自動行使？**

答：美國時間慢 13 小時，現在是 9 月 17 日晚上。

問：**美股選擇權不是可以隨時行使嗎？**

答：港股選擇權也可以隨時行使，但很少發生，除非遇上除息日。

問：**我在 Firstrade 上看到債券的交易，都是 Case by Case，流動性不高，這點風大不會擔心賣不掉的問題嗎？**

答：流動性問題還好，IB 的債券流動性比 Firstrade 好得多，

而且我會選流動性較好的投資，抱到期也不用太理會流動性。

如果真要賣，只要不急慢慢放一定可以，你從我組合都看到我賣過無數次了。

問：我的銀行客戶經理不停游說我買有配息的債券基金。請恕我蠢問，現時債息低迷，債券基金內的組合應該都升值了，如果我現在買入，將來利息攀升，基金的價格是否必然下降？我就算收了息卻蝕了價，可能收不回成本，我這想法對嗎？

答：債券基金內裡也是債券，債券價格跌了基金淨值自然也跌。但債券跌的因素不止加息，高息債來說，價格與股市成正比的時候更多，投資級別則受加息影響較多。所以要看是哪種債券基金。

問：我目前已退休，生活費要由儲蓄支出，所以保本的投資是十分重要。銀行客戶經理說要推薦持有投資級別的債

基。如果我沒有理解錯誤風兄的回覆，當利率上升，債基的淨值會下降，那麼我要套現就會蝕本，似乎債基不能做到長期持有及保本的目標。我的想法對嗎？

答：理論上是如此，很抱歉告訴你，投資沒有一勞永逸的，一定有風險，需要定期檢視、檢討、轉換。因為就算沒有加息風險，也可能有其他風險。債券基金都不是保本的，真正保本的投資，就給不了你這個報酬率。

問：風兄，我在搜尋公司債券時遇上有關地域性的問題，我對較低風險行業債券有興趣，但發現這些債券的「Country of Issue」不是 US。例如 PA (Parama)、 MX (Mexico)、KY (Caymen Island) 等等，其中 KY 佔了很多。我原以為 Country of Issue 指是發債公司的所在地兼業務所在地，但似乎並沒有這麼簡單，因為我有時會見到另一欄「Issuer Country」。例如某條債券的「Country of Issue」為「PA」，而「Issuer Country」為 CN，原來是內房債！那麼這個「Country of Issue」對投資人來說有什麼意義呢？感覺上美國制度下的投資產品比較安全，所以「Country of Issue

」並非出自美國是否代表比較危險？

答：「Country of Issue」是註冊地，為了避稅，許多公司的註冊地都設在避稅天堂，凡見到註冊地為百慕達（Bermuda）、薩摩亞（Samoa）、貝里斯（Belize）、馬紹爾群島（Marshall Islands）、開曼群島（Cayman）、英屬維京群島（B.V.I.）、巴拿馬（Panama）、巴哈馬（Bahamas）這些，大都不會是當地公司。

如果註冊地在避稅天堂，只能再查該公司實際總部是哪裡。業務或總部所在地比註冊地重要，公司註冊地與債券風險沒有直接關係。

IB 操作

問：風兄，想問一個 IB 操作問題。假設我 IB 內有 50 萬美金，已經用了 30 萬買股／債，現在想再買貨，但又不想用餘下的 20 萬（我知道 IB 是整個 PORTFOLIO 計算槓桿），想以借 MARGIN 的方式買，那麼該如何操作？是否需先

提走 **20 萬 CASH**？**謝謝你。**

答：你可以提取 20 萬 cash，或者在 IB 內將美元轉成其他貨
　　幣（例如港幣），之後再買美元類的股／債就屬貸款了。

問：**風兄，想請問美國直債有沒有指定交易時間？我在 IB**
　　bond scanner 什麼都搜尋不到，是不是有地方出錯？

答：當然有交易時間，在非交易時間由於沒有出價，IB Bond
　　Scanner 可能找不到直債的。債券市場的交易時間基本上
　　是跟美股交易時間。

問：**風兄，以直債而言，想請教 IB 是否只可以買 US 市場？**
　　其他市場例如英國，只可以買股票？

答：IB 有其他國家的直債，但選擇不多，門檻較高，許多債
　　券沒有什麼成交。

問：**風兄，我剛剛開始在 IB 買了公司直債，買完後發現賬戶**

的紀錄美元戶口是負數，但港元戶口的錢沒有減少，想請問這情況是否表示向 IB 借了錢？如是，我是否應該將港元轉做美元？還是你有什麼建議給我參考？

問題二：當我買完了 2 檔公司直債後，美元戶口是負數，但港元戶口是正數，然後再想買第 3 檔的時候，出現紅色的視窗（警告我不能購買這檔債券，由於我沒有足夠資金），請問這情況是否不可以做槓桿？再者，如果我買了 10 檔公司直債，我想了解如何計算整個組合的槓桿？我記得你提過做槓桿最好在 0.5 或以下，對嗎？

答：1. 美元負數就是已借了美元，有美元借貸。IB 當然不會自動幫你將港元轉成美元，建議自行將港元轉成美元，因為借貸要還息。

2. 每檔債券的 LTV 都不同，LTV 太低的債券可能會超出你的可借貸額。在 TWS Submit Order 時可看到 Initial Margin 額有否超越淨資產額。還有，肯定你的 IB 戶口不是現金戶口而是可借貸的 Portfolio 戶口才可借貸。

3. 打開 TWS 的帳戶→帳戶視窗，可看到你的淨資產值、現金、總資產值等資訊，總資產值／淨資產資＝槓桿水平，建議槓桿水平在 1.5 以下。

問：請問 LTV 的意思是什麼？請問我可以在哪個位置知道我的戶口是現金戶口，還是可借貸的 Portfolio 戶口？

答：Loan-To-Value Ratio（LTV Ratio）即可做槓桿比率，例如投資物的 LTV Ratio 為 70%，則最多可做 3.33 倍槓桿，不過在 IB 內你可以用維持保證金計算得到，不用 LTV 計算。

在 IB 網頁 Login 帳戶管理，主功能表選 設置→帳戶設置，可看到自己的帳戶類型。

問：在 IB 中做了槓桿，所以收了利息後會自動歸還本金，這樣就沒有現金流了。在系統中能否設定把利息現金抽走呢？

答：可以，你可以每月自 IB 提款，或將利息轉成另一貨幣。

問：風兄，想問在 IB 怎樣應付流通性問題？做好功課覺得基本面好，不過找不到價格合適，買賣差價太濶，有沒有什麼辦法？謝謝。

答：沒辦法，只能將未到價的標的放在觀察名單內，然後下一個 GTC Order。

問：風兄你好，我在 IB TWS 上買入一檔債券，頭寸是 $200K，市價是 104.3，但市場價值是 US 208,600。為什麼不是 104.3x200K ？

答：正常的，200K 不是指數量，而是買入債券的票面值。

問：風兄，你好。我是債券的新手，想請教有沒有那幾間 CORP BOND 可以給初學者作為入門去了解，因為用 BOND SCANNER 真是太多公司 BOND, 很難入手。

答：你好，也許你先從較出名的公司發行的 bond 開始，例如 DELL、HP、TELSA 都有債券發行，或者先抄一些功課來研究。

使用 IB 的 Bond Scanner 時，試試先設定目標殖利率、到期日、評級等來縮小範圍，可能會容易入手一點。

稅務問題

問：風兄你好，小弟是新手，暫時希望以 ETD 為投資入門工具，但一直有一個疑問，就是券商（預）扣 30% 的問題。因為哪怕 ETD 派的是 Interest 而非 Dividend，聽說一些券商也會盲目地扣了 30%，需要投資人再申請退稅。

故此，小弟有兩個問題：

1. 風兄知道有哪些券商會自動退稅給香港人嗎？

2. 假若小弟在 IB 買入 ETD, 日後被扣 30%, 申請了一次退

稅後，會否需要次次申請？

答：1. 被預扣的通常是 CEF 與 ETF，如是 ETD 被預扣，則是
因為券商對該標的理解錯誤，所以需申請退回。沒有說
哪些券商會自動退稅或哪些不會，每間券商都可能發生
這種事，被錯誤預扣的 ETD 也各自不同，不過較熱門
的 ETD 近年較少見到被錯扣了。至於 CEF 與 ETF，通
常券商會先扣 30% 預繳稅後，隔年再視乎 CEF ／ ETF
的持倉性質，部分或全部退稅。

2. 理論上券商如果發現錯扣了，第二年就不會再錯，但也
不一定，視乎他們的處事效率。

問：追風兄，本人正考慮移民英國，見風兄到台灣後也把 IB
轉到 IB LLC，請問這樣做的好處是什麼？我是否需要做
呢？如果放 IB 在香港跟放在英國的稅制是否相同？希望
能給一點小建議，謝謝！

答：轉到 IB LLC 是因為 SIPC 保險較好，另外就是想把資產

轉出香港金融體制，如果兩樣對你都不重要，不需這樣做。

至於英國稅制我不熟，不過據我所知，英國稅務居民的海外收入，只要沒有帶入國內是不須繳稅的。而將 IB 戶口轉到英國，是轉到 IB UK，而非 IB LLC。IB 可以投資全世界資產，無論 IB HK 或 IB UK，戶口內的收入屬國內還是海外，應該是視乎持有的資產所在地。

結語

在筆者完成此書後，發現內容著重於實戰與技術方面的應用，少了風險方面的探討。所以借此結語，與讀者探討一些投資風險的本質。

首先，你懂得預測未來嗎？

諸如占卜、求籤、塔羅牌、星座、紫微斗數等等，都是一般性預測未來的典型行為。但事實上，我們每天都在預測未來，大至大學選甚麼科目、畢業後選擇哪份工作，小至上班乘搭何種交通工具、早餐吃些什麼——我們幾乎每天每時每刻都在做選擇，也是每天每時每刻都在預測未來，再根據自己的預測去做決定。

投資是預測未來的典型行為。

進行投資，你可能等於在預測經濟會向好、預測股票會升值、

預測企業會發展、預測公司不會倒閉、預測公司會增加配息，甚至預測某位股評人很神，給的明牌一定準確等等……

你會發現，幾乎我們所有預測都是建基於一些已發生的事實，不管這事實是你聽說的、親眼看見的、過往經歷過的、還是媒體告訴你的。你再根據這些（自以為）知道的事實，從而預測即將發生的事，進而做出利於自己的決定。

你還會發現，你有些預測很準確，例如準時搭上捷運，就很少上班遲到；有些預測只有一半準確，例如根據技術圖表（前人累積的經驗）進行買賣賺取價差；有些預測錯的機會佔大多數，例如期望開放式股票基金能跑贏指數……

預測出現偏差，這就是風險的本質。

那麼，我們是否有可能做出 100% 準確的預測？所謂 100% 準確的預測，就已經不是預測未來，而是預知未來。

根據「因果論」，預知未來理論上是可以的。因為今天的狀態，

是由過去的行為決定的，同理，未來的狀態，又是由今天的行為決定的。所以，只要我們知道了今天的行為，就可以知道未來的狀態，從而預知未來。撇除求神問卜，基本上我們所有的預測，都是建基於這種因果論。

如果不斷向後推的話，今天這一刻，就可以預知到無限遠的未來；如果不斷向前推的話，今天這一刻，又是在無限遠的過去已決定了。也就是説，由宇宙大爆炸產生那一刻，就已決定了未來的一切！

你可能認為，不對呀，不是有隨機和主觀的存在嗎？只要有這兩者存在，因果論就不是絕對的。

隨機與主觀也許並不存在……

以隨機擲骰子為例，表面上擲到 1 至 6 點的機會率各占六分之 1，實際上不是，結果是根據你在擲骰子的一刻，因應使用的角度、力度、風向、骰子重量、落地摩擦力等等因素就已經決定了。這些因素，又是在當時特定的環境，就已經決定

了。如果時間倒流，讓你再擲一次，結果還是一樣。

所以，練了幾十年骰子的專業賭徒，可以用專業手法擲出想要的點數，就好像他們懂得預知未來一樣。

可惜，完全預知未來太難了，宇宙間所有因素都是互相影響的，要完全知道過去未來，就需要精確到了解宇宙間每個最小單位（也就是原子）的位置與動量，並有能力進行運算，才能夠使用牛頓定律知道宇宙所有事件過去、現在、未來的所有過程。能掌握這能力的，是法國數學家皮耶－西蒙・拉普拉斯（Pierre-Simon Laplace）於 1814 年提出的「拉普拉斯惡魔」（Démon de Laplace）。

科學中的拉普拉斯惡魔，與神學中無所不知的神，更像是兩位一體。也就是說，除非你是神或惡魔，否則根本不可能 100% 準確地預測未來，因為無論是人腦還是電腦，都不可能將所有因素計算進去。

所以，任何決定都有風險，包括投資。筆者認為，風險有兩類：

1. 可測量的概率風險,可由概率的數字來確定
2. 因能力所限無法量化的模糊狀態(筆者稱之為模糊風險因素)。

對於可測量的概率風險,我們可以使用最傳統的風險管理(Risk Management)方法去處理,包括風險緩解(Mitigation)、風險轉移(Transfer)、風險避免(Avoidance)與風險接受(Acceptance)。

真正的危險,不是可測量的概率風險,而是無法量化的模糊風險因素,這才是真正的不確定性。

你預測的準確度,其實與你的了解程度有關,了解愈深,你對自己的預測愈有信心。其實所謂「了解」,就是減少無法量化的模糊狀態,或者說,減少「你不知道自己不知道」的地方。

要減少無法量化的模糊風險因素,有兩種方法:

1.去了解並嘗試量化之

2.縮小無法量化的範圍

以最普遍的價值投資法為例，投資人可以做到的，只是盡量做功課，基於各種事實，去推斷合理的內在價值，並在盡量低於合理價值的「安全邊際」買入，以增加事件發生（股價升到內在價值）的可能性。所以，價值投資法某程度上就是應用第一種方法「了解並量化之」。

但是，即使你已經分析得極之透徹，對公司的帳目甚至比老闆自己還清楚，還是不能保證百分之百賺到錢。為什麼？

因為，我們不是拉普拉斯惡魔，市場什麼時候認可你計算出來的合理價值，受太多因素影響，超出我們的預測能力，屬無法量化的模糊狀態，也就是價值投資人無法克服的模糊風險因素——嗯，直接說，就是股價有可能明天升、後天升、十年後才升，甚至永遠都不會升！

所以，巴菲特曾表示過，在進行投資並根據各種事實作出合

理推論時，投資人把握的是「某事肯定會發生，但我們無法確定是何時」。

固定與穩定收益投資則有點像應用第二種方法——「縮小無法量化的範圍」。如之前所説，我們日常生活有些預測很準確（例如哪些早餐店的早餐會很好吃），而這些預測之所以準確，是因為範圍很小，小至我們的能力所及、沒太多不可知因素影響。

當我們知道自己能力有限、時間有限時，可以用縮小範圍的方法來提高預測未來的準確度。以債券投資為例，預測蘋果公司的股價能否在未來五年繼續大幅增長，筆者覺得有相當難度，但筆者知道以蘋果公司現時的規模與市占率，五至十年內倒閉的機會幾乎是零，那麼買蘋果公司的五至十年期債券就沒有什麼風險（如不計回報率）。這道理，有點類似我們預知太陽明天、後天、未來十年都會從東方升起，而不是從西、南、北、中的任何一方升起，因為這個預測幾乎沒有什麼無法量化的模糊風險因素（除非遇上世界末日）存在。

但如果投資的是債券 CEF，就不是判斷一家公司了，而且還要加上槓桿、市場氣氛、折溢價、基金經理能力等等因素，模糊風險因素的範圍就被擴大了，這也是筆者一向主張有能力最好還是主動選債的主要理由。

但是，所有債券都可一視同仁嗎？在筆者完成此書前，中國房地產公司花樣年（01777）剛宣布了未能償還 2.06 億美元的 10 月 4 日到期票據，構成了實質違約。

中國房地產行業的三道紅線，花樣年其實只踩中了一道。而且，花樣年才剛把旗下的彩生活賣給了碧桂園服務，套現 33 億，怎會還不起區區 2.06 億的債務？從財務上計算，這根本不可能，更別提公司今年已兩次公開表示安排好資金清償這筆債務。

可能性只有三個：花樣年全盤數都是假的、或根本是有心躺平賴帳不還，或兩者皆是！無論哪種可能性，都是一般投資人根本不可能預測到、有中國特色的模糊風險因素所致。

所以筆者有時很不明白那些覺得美債低息、違約率高，寧願轉去投資中國內房債券的投資人心理。是的，WPG 債券也違約，但在違約前很長一段時間，我們可以從公開透明的財報計算出其違約可能性有多高，從而量化風險。用相同的邏輯去投資中國資產，你自以為很安全，事實上卻只是一廂情願地故意忽視一些明顯的模糊風險因素。

每個人的背景、能力、心理質素都不同，當每次市場調整都令你惴惴不安時，不妨問一下自己，有否風險錯配？你是否在投資一樣能力不及、研究不足的資產，以致對長期收益沒有信心？如果你承受不了價格波幅，又是否應該多些選擇較少模糊風險因素的現金流資產？

最後，如果你覺得本書的內容太過複雜，好像偏離了「懶系」的本意，這是正常的——所謂「學海無涯」，不管何種投資法，都可以無限度地不斷精進。以書內不同的現金流工具為例，你可以不必全部熟悉或應用，自行揀選適合的使用即可。你甚至可以只停留在高投資級別債券這類初級工具，賺取風險低、回報也低的收益率。但是，你不應阻止自己可能的進

步空間，因為愈是精進、能力愈高，風險承受能力就愈高，你就有更多更高回報的選擇。

最後的最後，限於篇幅與不斷變化的經濟環境，本書的內容仍只是筆者實戰經驗的一小部份，更多的現金流投資知識、即時實戰、個別投資標的評析、筆者的真實投資組合和買賣等等，都會定期在筆者的 Patreon 平台「單親爸爸撞牆記 @ 懶系投資法」（https://www.patreon.com/laxinvest）上以長篇文章的形式發表，也包括了其他宏觀經濟分析、會員問答、時事評論等題材。Patreon 平台更容許會員與筆者隨時交流，亦可以暢所欲言地與其他同道中人討論分享投資心得。歡迎有興趣的讀者加入，閱讀所有會員文章，一齊討論、一齊交流、一齊進步。

祝　投資順利！

懶系投資實戰攻略：
打造多元現金流，悠閒換取報酬極大化

作　　者／風中追風
主　　編／林巧涵
責任企劃／謝儀方
美術設計／倪龐德
內頁排版／唯翔工作室

第五編輯部總監／梁芳春
董事長／趙政岷
出版者／時報文化出版企業股份有限公司
108019 台北市和平西路三段240號7樓
發行專線／（02）2306-6842
讀者服務專線／0800-231-705、（02）2304-7103
讀者服務傳真／（02）2304-6858
郵撥／1934-4724時報文化出版公司
信箱／10899 臺北華江橋郵局第99信箱
時報悅讀網／www.readingtimes.com.tw
電子郵件信箱／books@readingtimes.com.tw
法律顧問／理律法律事務所　陳長文律師、李念祖律師
印　　刷／勁達印刷有限公司
初版一刷／2021年12月24日
定　　價／新台幣450元

時報文化出版公司成立於一九七五年，並於一九九九年股票上櫃公開發行，
於二○○八年脫離中時集團非屬旺中，以「尊重智慧與創意的文化事業」為信念。

懶系投資實戰攻略：打造多元現金流,悠閒換取報酬極大化/風中追風作. -- 初版. --
臺北市：時報文化出版企業股份有限公司, 2021.12
ISBN 978-957-13-9801-3（平裝）1. 理財 2. 投資　563　110020574